FØR
DU FÅR DIN HVALP

Dr. Ian Dunbar

FØR du får din hvalp

Oversat fra engelsk af Camilla D Wale
Originaltitel:: *Before you get your Puppy*
© 2001 Dr. Ian Dunbar
Dansk copyright © 2013 DogoBay

Udgivet på engelsk første gang i 2002 af:

James & Kenneth Publishers
2140 shattuck Avenue #2406
Berkely, California 94704
(800) 784-5531

James & Kenneth – Canada
P O Box 14, Palgrave
Ontario LON IPO
(905) 880-7502

James & Kenneth – UK

P O Box 111, Harpenden
Hertfordshire AL5 2GD
01582715765

© 2013 Dogobay
Forlag og tryk: BoD
ISBN: 9789174631845
Udgivet på dansk af Dogbay med tilladelse fra forfatteren Ian Dunbar og James & Kenneth
Publishers

www.dogobay.se

1 udgave, 1. oplag 2013

Indhold

Dedikation

Før du får hvalp er dedikeret til alle de enestående opdrættere, der går lige så meget op i, (hvis ikke mere) hundenes fysiske og mentale helbred, som i deres pelsfarve og kropsbygning.

Bogen er også dedikeret til alle velinformerede dyrlæger, som forstår, hvor vigtig og afgørende socialisering og træning er for at forebygge de forudsigelige temperaments- og adfærdsproblemer.

Til alle engagerede og ansvarlige hundeejere, som har gjort jeres bedste for at vælge, opdrage og træne jeres hvalpe til at blive dejlige, velopdragne følgesvende.

Og til alle overarbejdende hundetrænere, internatarbejdere og dyrebeskyttelsesorganisationer, som gør deres bedste for at løse de mange problemer, skabt af andre opdrættere, dyrlæger og hundeejere, som aldrig lærte hvor vigtigt tidlig socialisering er.

Forord

Desværre lever størstedelen af hunde ikke længe nok til at fejre deres 2-års fødselsdag. Deres dødelige sygdom består i at være uønskede. De formår ikke at leve op til forventningerne som Lassie, Benji og Eddie-fantasien har skabt. I stedet udvikler hundene helt forudsigelige adfærdsmønstre, temperaments- og træningsproblemer og bliver derefter efterladt på dyreinternater, hvor de må spille lotto om livet. Mange giver ejerne skylden og anklager dem for at være uansvarlige. Jeg vil hellere kalde det for mangel på viden. De fleste kommende hvalpeejere kender simpelthen ikke til den slags problemer, som kan opstå; og de mangler kendskab til at forebygge disse problemer. Ironisk nok ender mange nybagte ejere med at måtte aflive deres hunde efter de har fulgt vildledende, fejlagtige og nogle gange helt igennem dårlige råd fra gamle træningsbøger.

Alle professionelle inden for hundefaget; opdrættere, trænere, dyrlæger og internatarbejdere, har ansvaret for ejernes mangel på viden. Det er professionelle som mig selv, der ikke har reklameret nok for, at der findes en meget nemmere, hurtigere, mildere og i det hele taget mere effektiv måde at opdrage og træne hvalpe på.

Denne bog beskriver helt almindelige og forudsigelige hvalpeproblemer. Den er forsynet med en tidstabel for hvalpens udvikling og indeholder hundevenlige, forebyggende metoder og løsninger. Den understreger vigtigheden af tidlig socialisering, begrænsning af hvalpens færden under den første tid, forebyggelse, belønningstræning og lokke/belønnings teknikker. Uddannelse kan veksle fra kedelig til morsom, og jeg har altid stræbt mod at gøre min skrivning både underholdende og informativ. Der er dog altid en fintfølende grænse mellem uddannelse og morskab. Da jeg skrev den tidligere udgave af denne bog, (tidligere udgivet som: *The New PuppyDog*), leverede jeg ikke varen. Humoren var der, men fakta var kamufleret. Teksten manglede den nødvendige klarhed og vigtighed, og den beskrev ikke, hvad den skulle have beskrevet.

En stor tak til Jane Stevenson og Dr. Bruce Boehringer for jeres særdeles konstruktive og kritiske anmeldelser af det originale manuskript. Tak til jer begge. Denne bog er en komplet omskrivning. Jeg er også Jane en tak skyldig for hendes konstante opmuntring. Yderligere en stor tak til Janes far for hans værdifulde kommentarer til denne udgave.

Jeg håber, at du finder denne nye bog lige så underholdende som den forrige, og at den udtrykker de vigtigste og hastende punkter:

Når du vælger en hvalp, er du nødt til at afgøre om dens adfærdsudvikling, temperament og uddannelse er i orden. Vurderingen af hvalpens udviklings- og uddannelses status afhænger af *din* uddannelse om hvalpeuddannelse.

Hvalpens første uge i dit hjem er den mest afgørende periode i dens liv. Denne korte knald-eller-fald periode afgør godt og vel, om din hvalp vil udvikle sig til en velopdragen og dejlig ledsager, eller om den vil udvikle flere forudsigelige adfærdsproblemer og som voksen blive fjendtlig overfor mennesker og andre hunde. Du står overfor at skulle træffe et valgt. Din hvalps udviklingsforløb ligger i dine hænder.

Resume

H vis du har besluttet dig for, at du vil opdrage og træne en hvalp, så sørg for at du træner dig selv først. Husk, det tager kun nogle få dage at ødelægge en ellers perfekt hvalp. Den vigtigste udviklingsdeadline er, uden tvivl før du overhovedet tænker på, at anskaffe dig en hund. Det er nemlig din uddannelse om hvalpeuddannelse.

Flere førstegangs hundeejere bliver overraskede, når de opdager at deres nye kammerat gøer, bider i ting og markerer hjemmet med fæces og urin. Dog er alle disse former for adfærd helt naturlige, normale og nødvendige for hunde.

Din nye hvalp er ivrig efter at lære de menneskelige husregler. Den vil behage. Men den er nødt til at vide hvordan. Det er ikke smart at holde husreglerne hemmelige. Nogen er nødt til at lære hvalpen reglerne. Og den "nogen", det er altså dig!

Før du inviterer en hvalp til at komme hjem og blive en del af dit liv, er det både klogt og rimeligt, at du overvejer, hvad du forventer af en normalt udviklet hvalp. Hvilke adfærds- og karaktertræk finder du uacceptable, og hvordan kan du ændre hvalpens upassende adfærd og temperament. Ejere skal hovedsageligt vide, hvordan man lærer sin hvalp, hvor den må tisse, hvad den må bide i, hvornår den må gø og hvor den må grave. Den skal lære, at den skal sætte sig, når mennesker hilser på den, at gå pænt i snor, at falde til ro, at hæmme sin ellers helt normale bideadfærd og at nyde andre menneskers og hundes selskab, specielt mænd og børns selskab.

Uanset om du vælger din hvalp fra en professionel opdrætter eller fra et køkkenopdræt, så er kriterierne de samme. Kig efter hvalpe som er blevet opfostret indendørs i menneskers selskab. Mennesker som har brugt meget tid på hvalpenes uddannelse. Det er nødvendigt at din hvalp er blevet vænnet til høje lyde fra hverdagen i et hjem. Larm fra støvsugeren. Potter og pander der tabes, højtråbende kommentatorer fra sportsprogrammet i fjernsynet, børn der græder og voksne, der diskuterer. Udsættes hvalpen for disse stimuli mens dens øjne og ører stadig udvikles, giver dette hvalpen mulighed for gradvist at vænne sig til syn og lyde, som ellers kunne skræmme den som voksen.

Undgå hvalpe, som er opvokset i udendørs hundegårde. Husk, du leder efter en hvalp, som du skal dele dit hjem med. Led derfor efter en hvalp, der er opfostret i et hjem. Kælder- og hundegårdsopdræt er bestemt ikke kvalitetsopdræt. Det er en "besætning" som kan sammenlignes med kvæg og burhøns. De er hverken renlighedstrænet eller socialiseret, og de vil ikke blive gode ledsagere. Led efter kuld, som er født og opfostret i et køkken eller en stue.

Valg af race er et meget personligt valg - dit valg. Men du vil spare dig selv for en masse unødvendige problemer og hjertesorger, hvis du søger information og undersøger racerne, inden du træffer dit valg. Vælg en race du kan lide. Undersøg racespecifikke kvaliteter og problemer, og find den bedste måde, du kan træne og opdrage hvalpen på. Sørg for at testkøre flere voksne hunde af din udvalgte race, inden du bestemmer dig. Ved at testkøre flere hunde, lærer du hurtigt alt det du har brug for at vide om præcis denne race. Testkørslen vil også præcisere hullerne i din uddannelse omkring adfærd og træning.

Du bør dog ikke narre dig selv til at tro, at hvalpen udvikler sig til en perfekt voksen hund, bare fordi du vælger den "perfekte race" og det "perfekte individ". Enhver hvalp kan udvikle sig til en vidunderlig voksen hund, hvis den bliver socialiseret og trænet ordentligt. Og uanset race og opdræt, kan enhver hvalp udvikle sig til en forfærdelig hund, hvis den ikke bliver socialiseret og trænet tilstrækkeligt. Træf et intelligent og velovervejet valg, men husk; Socialisering og træning er den vigtigste faktor, der afgør hvor tæt hunden vil nærme sig din forestilling af den perfekte hund.

Uanset hvad dit valg falder på, så ligger succes og nederlag i dine hænder. Din hvalps adfærd og temperament er afhængig af din opdragelse og træning.

Hvalpens liv skal tilrettelægges, så renlighedstræningen og legetøjstræningen er fejlfri. Enhver fejltagelse er en potentiel katastrofe, da den varsler om, at der kommer mange flere i fremtiden.

Langsigtet begrænsning af hvalpens færden forebygger, at den lærer at lave fejl i hjemmet. Samtidig tillader begrænsningen, at din hvalp lærer sig selv at gøre sig ren på et passende sted, at falde til ro og til at ville bide i det tilladte legetøj.

Kortsigtet begrænsning af hvalpens færden forebygger også, at din hvalp lærer at lave fejl i hjemmet. Samtidig giver begrænsningen hvalpen mulighed for at lære sig selv at falde til ro og at bide i det tilladte legetøj. Den gør dig også i stand til at forudsige præcist, hvornår din hvalp trænger til at tisse. Nøglen til succesfuld renlighedstræning består i at kunne forudsige, hvornår din hvalp er trængende.

Din hvalps legerum (langsigtet begrænsningsområde) bør indeholde en behagelig seng, en skål med frisk vand, et stykke tygge-legetøj og et toilet.

Kapitel 1

Deadlines for hvalpens udvikling

H vis du overvejer at byde en hvalp velkommen i dit hjem, så vil denne lille bog måske være den vigtigste bog, du nogensinde læser. Den indeholder alt, hvad du skal vide, før du vælger hvalp, og alt hvad du skal have lært din hvalp i løbet af den første uge i dit hjem.

Allerede fra det øjeblik du vælger din hvalp, findes der en betydelig stressfaktor med hensyn til socialisering og træning. Der er ingen tid at spilde. En voksen hunds adfærd, temperament og adfærdsvaner (både de gode og dårlige), bliver formet i hvalpetiden - den tidlige hvalpetid. Faktisk er nogle hvalpe godt på vej til at blive ødelagt allerede i otte ugers alderen. Det er så let at begå grufulde fejl, når man skal vælge en hvalp, og let at begå fejl de første dage efter, man har fået hvalpen. Sådanne fejl har ofte en uudslettelig effekt og vil påvirke din hund resten af livet. Dette betyder ikke, at usocialiserede og dårligt trænede otte ugers hvalpe, ikke kan genoptrænes. Det kan de, hvis du arbejder hurtigt. Men hvor forebyggelse af adfærds- og temperamentsproblemer er utrolig simpel, så kan rehabilitering

Nancys hjem efter en hundefest! Legetøj fyldt med mad giver hundene en mere acceptabel underholdning og fungerer som beskæftigelsesterapi, når de bliver efterladt alene i hjemmet

være både svært og tidskrævende, og det er usandsynligt, at hvalpen bliver til den voksne hund, den kunne være blevet. Lær at træffe et intelligent valg når du skal vælge din hvalp. Lær hvordan du realiserer et forløb med fejlfri renlighedstræning og fejlfri bidetræning, fra det øjeblik din hvalp ankommer til sit nye hjem. Enhver fejl du tillader din hvalp at udføre er fjollet og absolut alvorligt. Fjollet fordi du skaber kommende hovedpiner for dig selv, og alvorlig fordi millioner af hunde aflives hvert år, simpelthen fordi deres ejere ikke vidste, hvordan de skulle renlighedstræne og/eller bidetræne dem.

Hvis din hvalp NOGENSINDE bliver efterladt uden opsyn i hjemmet, så kan du forvente, at den enten vil bide dine ting i stykker eller gøre sig ren indendørs. Selv om disse små ulykker ikke gør megen skade nu,  så giver de et billede af din hvalps toiletbesøg og bidevaner i de næste mange måneder. Enhver form for urenlighed eller destruktiv adfærd er en potentiel katastrofe, fordi den indikerer fremtidige fejltagelser fra en hund, som har fået større blære og tarme, og med mere destruktive kæber.

Adfærdsproblemer som konstant gøen, graven og løbe væk er ofte de næstkommende problemer hos en unghund, som ikke er renlighedstrænet, fordi en sådan hund oftest tilbringer meget tid alene i haven Renligheds træn din hund, så den kan være inde i huset.

Mange ejere opdager først deres hvalps destruktive adfærd, når hvalpen er 4-5 måneder gammel. Omkring på samme tid som den symptomatisk bliver henvist til haven. Som følge af kedsomhed, mangel på opsyn og søgen efter underholdning, begynder hvalpen at ødelægge alt, og hvad som helst.

Naturlig nysgerrighed får hurtigt den ensomme hvalp til at grave, stikke af og gø i dens søgen efter en eller anden form for beskæftigelse, for at få tiden til at gå. Når naboerne begynder at klage over hundens konstante gøen og periodiske flugter fra haven, bliver hundens færden ofte begrænset til en garage eller kælder. Dette er dog som regel kun en midlertidig løsning, indtil hunden bliver overgivet til det lokale dyreinternat, hvor den kan spille lotto om livet.

Mindre end 25 % af de indleverede hunde bliver adopteret, og halvdelen af disse bliver returneret når de nye ejere opdager hundens irriterende problemer.

Det ovenfor anførte, gengiver mange hundes sørgelige skæbne. Alle disse problemer kunne let være blevet forebygget. Renlighedstræning og bidetræning er næppe en større videnskab. Men du er nødt til at vide, hvad du skal gøre. Og du er nødt til at vide, hvad du skal gøre, *før* du henter hvalpen hjem. Så snart din hvalp ankommer til dit hjem, løber tiden. På bare tre måneder skal din hvalp nå seks afgørende og nødvendige deadlines. Når hvalpen ikke disse deadlines, er det usandsynligt at den opnår sit fulde potentiale. Når det gælder din hvalps adfærd og temperament, vil du sandsynligvis altid have noget at indhente. Du har simpelthen ikke råd til at negligere socialiserings,- og bidehæmningsdeadlines.

De 6 deadlines for udvikling

1. **Din hundeuddannelse!** - før du leder efter hvalp
2. **Evaluering af hvalpens udvikling** - før udvælgelsen
3. **Fejlfri renlighedstræning** - inden hvalpen kommer hjem
4. **Socialisering med mennesker** - ved 12-ugers alderen
5. **Bidehæmning** - ved 18-ugers alderen
6. **Det store Verden udenfor** - ved 5-måneders alderen

Hvis du allerede har en hvalp og føler, at du er bagefter, så skal du ikke smide håndklædet i ringen. Men du er nødt til at indse, at du er godt bagefter og at din hvalps socialisering og træning er en nødsituation. Gør straks dit bedste for at indhente det forsømte. Få eventuelt en træner til at hjælpe dig. Ring til Dansk Kennel Klub for at få oplyst en træner i nærheden. Invitér familie, venner og naboer til at hjælpe dig med socialiseringen og træningen. Tag eventuelt en eller to ugers fri fra arbejde og hellig dem til din hvalp. Jo yngre hvalpen er, jo nemmere og hurtigere er det at indhente de manglende deadlines. For hver dag du udsætter det, jo bliver det sværere at nå alle deadlines.

1. deadline

Din hundeuddannelse

Før du leder efter den perfekte hvalp er du nødt til at vide hvilken slags hund du skal kigge efter, hvor du kan finde den og hvornår du skal have den. Et overvejet valg er generelt meget bedre end et spontant hvalpekøb. Du er desuden nødt til at gøre dig bekendt med de udviklingsmæssige deadlines, som er presserende og afgørende allerede fra den dag, du vælger din hvalp. Tag dig tid til at gennemgå denne bog, og tag dig derefter tid til at træffe et velovervejet valg. Du og din hund skal leve sammen side om side i forhåbentligt mange år.

2. deadline

Evaluering af hvalpens udvikling

Før du vælger din hvalp, som regel ved otte ugers alderen, er du nødt til at vide, hvordan du skal udvælge en god opdrætter, og hvordan du finder en god hvalp. Du behøver at vide, hvordan du vurderer hvalpens adfærdsmæssige udvikling. Ved 8-ugers alderen ska hvalpen have vænnet sig til et hjemligt miljø, specielt til alle slags potentielt skræmmende lyde. Din hvalp bør allerede være vel socialiseret og være blevet håndteret af mange mennesker, specielt mænd og børn. Din hvalps fejlfrie renlighedstræning og bidetræning bør allerede være i gang. Din

Denne kandidat til Rocky Mountain search and rescue blev ved 8-ugersalderen nøje udvalgt i et nøje udvalgt kuld.

hvalp bør allerede nu have et basalt kendskab til grundlæggende lydighed. Som det mindste skal den komme, sidde, dække og rulle rundt, når den bliver bedt om det. Sagt med andre ord; som forberedelse til et liv i et hjem bør hvalpene i kuldet være opfostret indendørs og omkring mennesker og ikke i en isoleret baghave eller i en hundegård.

3. deadline

Fejlfri renlighedstræning

Du er nødt til at sikre dig, at et fejlfrit renlighedstrænings,- og bidetræningsprogram bliver etableret den allerførste dag, din hvalp ankommer til dit hjem. Dette er meget vigtigt i løbet af den første uge, da begyndelsen skaber et fremtidsbillede af, hvordan hvalpens gode og dårlige vaner ser ud de næste uger, måneder og nogle gange år.

Vær helt sikker på, at du forstår principperne omkring langsigtet og kortsigtet begrænsning til fulde, før du henter din nye hvalp hjem. Med en kortsigtet/langsigtet begrænsningsplan er renlighedstræning og bidetræning let, effektiv og fejlfri. I løbet af hvalpens første uger i dit hjem vil regelmæssig begrænsning (med legetøj fyldt med tørfoder), lære hvalpen at træne sig selv til bare at bide i sit legetøj, til at falde til ro, og til *ikke* at udvikle sig til en destruktiv sofatyggende hund. Desuden vil kortsigtet begrænsning tillade dig at forudsige, hvornår hvalpen trænger til at gøre sig ren, så du kan bringe den til det ønskede sted og belønne den for at lette trykket på det rigtige sted.

4. deadline

Socialisering med mennesker

Den kritiske periode for socialisering ender ved tre måneders alderen. De første tolv uger er afgørende for, om hvalpen kommer til at acceptere og nyde andre menneskers og hundes selskab som voksen. Derfor er det vigtigt, at hvalpen er blevet socialiseret til mennesker, inden den fylder tolv uger. Da den på dette tidspunkt ikke har fået alle sine vaccinationer, bør den unge

Hvalpe skal socialiseres til mennesker, specielt mænd og børn, inden de er fyldt 3 måneder.

hvalp kun møde mennesker i hjemmet, hvor det er sikkert. Som tommelfingerregel siger man, at hvalpen skal have mødt mindst hundrede forskellige mennesker i løbet af de første fire uger i hjemmet. Dette er ikke bare nemmere end det lyder, det er også morsomt.

5. deadline

Bidehæmning

Bidehæmning er det allermest vigtige en hund skal lære. Voksne hunde har tænder og kæber, som kan gøre stor skade. Alle dyr skal lære at hæmme deres våben mod sin egen art, men domesticerede dyr skal lære at være forsigtige mod alle dyr,- specielt mod mennesker. Domesticerede hunde skal lære at hæmme deres bid mod alle dyr, især andre hunde og mennesker. Den korte periode som hvalpen har til at udvikle bidehæmning ender ved 4 ½ månedsalderen, hvor dens blivende tænder begynder at vise sig. Den vigtigste årsag, til at melde din hvalp til

Bidehæmning er alfa-omega. Hvalpe skal lære at hæmme kraften i deres bid, inden de lære at de ikke må bide,

23

hvalpemotivation, inden den er fyldt 4 ½ måned, er at forsyne den
med et ideelt forum til at udvikle bidehæmning.

6. deadline

Den store verden

*Socialisering bør foregå resten af livet, så din hund
fortsætter med at styrke sit selvværd og derved kan klare
ukendte situationer.*

For at sikre at din afbalancerede og velopdragne hund forbliver
en god, velsocialiseret og venlig hund op gennem voksenlivet, så
har din hund brug for at møde fremmede mennesker og hunde
regelmæssigt. Din hund har behov for at komme ud og gå mindst

en gang om dagen. Din hund kan tages med i bilen på besøg hos dine venner, så tidligt som du har lyst. Begynd at gå tur med din hvalp, så snart din dyrlæge siger det er sikkert.

FØR Du får Hvalp beskriver de tre første deadlines for hvalpens udvikling, som dækker over søgning efter og valg af en egnet hvalp samt hvalpens første uge i hjemmet. De første tre deadlines er presserende og afgørende for hvalpens fremtid og der er ikke plads til fejl. En anden bog, "EFTER Du har fået Hvalp" – beskriver de tre sidste deadlines, som dækker over de første tre måneder, efter din hvalp er kommet hjem. Tiden løber, men du har tre måneder til at gøre det.

Kapitel 2

Den første deadline for udvikling

Din hundeuddannelse

(Før du starter hvalpesøgningen)

D en vigtigste deadline er uden tvivl før du overhovedet tænker på at få hund. Nemlig din uddannelse i hundeuddannelse. Ligesom du skal lære hvordan bilen virker, før du kører af sted i en, så er det også klogt at sætte sig ind i, hvordan du opdrager en hund, før du anskaffer dig en. Nogle ejere forventer alverden fra deres hvalp; andre kræver bare magi og mirakler. Ejere forventer, at hvalpen er velopdragen og at den kan underholde sig selv, når den er alene hjemme i flere timer. Og de forventer, at hvalpen mirakuløst vokser op og udvikler sig til en perfekt hund helt uden hjælp fra sine ejere. Det er simpelthen ikke retfærdigt at holde husreglerne hemmelige for hvalpen for derefter at brokke sig når den, som man kan forvente sig, selv opfinder hundemåder til at underholde sig på. Den forbryder sig mod regler, den ikke aner eksisterer. Hvis du har regler i hjemmet, så er nogen altså nødt til at lære hvalpen dem. Og nogen, det er dig.

Heldigvis har hunde et naturlig aktivitetshøjdepunkt ved morgengry og tusmørke, så mange hunde er godt tilfredse med at ligge og slappe af det meste af dagen. Der findes imidlertid også hunde, som ikke er tilfredse med at skulle sove hele dagen. Nogle hunde har et højt aktivitetsniveau og disse hunde kan blive stressede og destruere hus og have, når de bliver ladt alene. Mange førstegangsejere bliver overraskede, når de opdager at deres nye kammerat gøer, bider ting i stykker, graver blomsterbedet op og markerer med urin og afføring indendørs. Disse handlinger er dog helt normale, naturlige og nødvendige former for hundeadfærd. Hvad skulle de ellers gøre? Sige muh? Miave? Underholde sig selv med fjernsynet? Mange ejere bliver

også overraskede, når de pludseligt konfronteres med helt forudsigelige problemer, såsom hoppen op, trækken i snoren, og denne der bundløse energi, som følger med en unghund. Desuden bliver ejere både urolige og overraskede, hvis deres unge eller voksne hund bider eller slås. Når hunde ikke er blevet socialiseret tilstrækkeligt, eller hvis bliver tyranniseret, generet, mishandlet eller på anden måde ophidset; hvad skulle de så gøre? Ringe til en advokat? Selvfølgelig bider de! At bide er lige så normal hundeadfærd, som det er at logre med halen, eller begrave et ben

Hunde er hunde. Det kan ikke overraske nogen, at hvalpe opfører sig som hunde. De gnaver, de graver, de gøer og kommunikerer via kropssprog og L-mail. De spenderer meget fritid på at lugte hinanden i bagdelen.

Før du inviterer en hvalp til at komme og bo hos dig, er det fornuftigt at finde ud af, hvilke former for adfærd du kan forvente af en hvalp. Hvad er for dig uacceptabelt og hvordan kan du modificere hvalpens upassende adfærd og temperament. Ejere har behov for at vide, hvordan de lærer deres hvalp; hvornår den må gø, hvad den må tygge i, hvor den må grave og hvor den må gøre sig ren, at sætte sig, når den hilser på mennesker, at gå pænt i snor, at falde til ro og tie stille, når den bliver bedt om det, at hæmme sin ellers helt normale bideadfærd, og at nyde samværet med andre hunde, mennesker, specielt mænd, fremmede og børn.

Det er essentielt, at du ved hvad, du skal lære din hvalp, og hvordan du skal træne den, før du anskaffer hvalpen. Læs bøger, se videoer, observer hvalpetræning og frem for alt bør du testkøre så mange voksne hunde som muligt. Tal med ejerne på hvalpeholdet i hundeklubben, og find ud af hvilke typer problemer de har. Nye hvalpeejere er ubarmhjertigt ærlige, når de skal beskrive deres problemer med hvalpen.

Hvilken type hund?

Der er mange ting, der skal overvejes, når man skal vælge en hvalp; hvilken race eller type passer til dig? Hvilken er den optimale alder ved hjembringelsen? Selvfølgelig vil du have en hvalp, som er bedst egnet til dig og din livsstil.

Jeg vil hellere komme med nogle vigtige retningslinjer, fremfor at give specifikke anbefalinger af racerne. Først og fremmest bør du ikke narre dig selv til at tro, at det eneste du skal gøre, er at finde den "perfekte" race og den "perfekte" individuelle hvalp, hvorefter den så automatisk vil vokse op til den "perfekte" voksne hund. Enhver hvalp kan blive en vidunderlig voksen hund, hvis den bliver socialiseret og trænet rigtigt. Og uanset race eller opdrætter kan enhver hvalp udvikle sig til en problemhund, hvis den ikke er blevet trænet og socialiseret. Træf et intelligent og velovervejet valg, når du søger efter en hvalp, men husk: Socialisering og træning er de vigtigste faktorer, som vil afgøre, hvor tæt din hvalp kommer perfektion i voksenlivet.

For det andet bør du søge råd fra de bedste kilder. Almindelige fejltagelser er for eksempel at man tager imod råd om racer hos dyrlægen, råd om sundhed fra opdrættere og råd om adfærd og træning fra dyrlæger og opdrættere og dyrehandlere. Det bedste er selvfølgelig at søge råd om adfærd og træning hos adfærdskonsulenter og trænere, råd om sundhed hos dyrlægen, råd om racer hos opdrætteren og råd om produkter fra dyrehandleren. Og hvis du virkelig vil vide, hvad der foregår, kan du besøge en lokal hundeklub og sludre med hundeejerne; de skal nok give dig de kolde fakta om, hvordan det virkelig er at leve med en hvalp.

For det tredje bør du evaluere alle gode råd grundigt. Brug din sunde fornuft: Giver det mening? Er rådet relevant for din familie og jeres livsstil? Selv om de fleste råd er fornuftige, kan nogle være irrelevante, hypotetiske, moraliserende eller tvivlsomme.

Eksempel 1: En opdrætter fortalte et par, at de ikke kunne købe en hvalp, medmindre de havde en indhegnet have, og en af dem var hjemmegående. Alligevel havde opdrætteren selv ingen indhegnet have, og hendes nogle og tyve hunde boede i hundegårde over tyve meter væk fra huset og uden mulighed for menneskeligt selskab. Hmmmm?!

Eksempel 2: Mange mennesker bliver frarådet at anskaffe sig en stor hund, hvis de bor i lejlighed. Men det gælder ikke. Tværtimod. Så længe hunden kommer ud på regelmæssige gåture, så er store hunde fantastiske lejlighedsbeboere. Sammenlignet med små hunde, så har de store hunde ofte lettere ved at falde til ro, og de gøer som regel også mindre. Mange små hunde irriterer ejeren og naboer ved at være aktive og larmende. Små hunde er dog imidlertid også vidunderlige lejlighedsbeboere, så længe de bliver trænet til at falde til ro og tie stille.

Eksempel 3: Mange dyrlæger mener, at Golden retrievere og labradorer er de bedste børnehunde. Alle hunde kan blive gode børnehunde, hvis bare de er blevet trænet til at omgås børn – og børnene har lært, hvordan de skal omgås hunde. Ellers kan alle hunde, inklusiv golden retrievere og labradorer, blive skræmt og irriteret af børn og deres vilde bevægelser.

Husk at du vælger en hvalp, som skal bo hos dig i meget lang tid. Valg af hvalp er et personligt valg – dit valg. Du vil spare dig selv for en masse unødige problemer og hjertesorger, hvis dit valg er velovervejet.

I realiteten viser mennesker dog ikke megen opmærksomhed overfor velmenende råd, og de ender som regel med at vælge med hjertet i stedet for hovedet. Mange mennesker ender ofte med at vælge hund på samme måde, som de også vælger deres livsledsagere – på basis af pelsfarve, kropsbygning og charme. Men uanset årsagen til valget af hvalpen; om de er baseret på stamtavle, kropsbygning, charme eller sundhed, så afhænger succesen omkring adfærd og træning næsten udelukkende af hundens uddannelse.

Blandet race eller ren race?

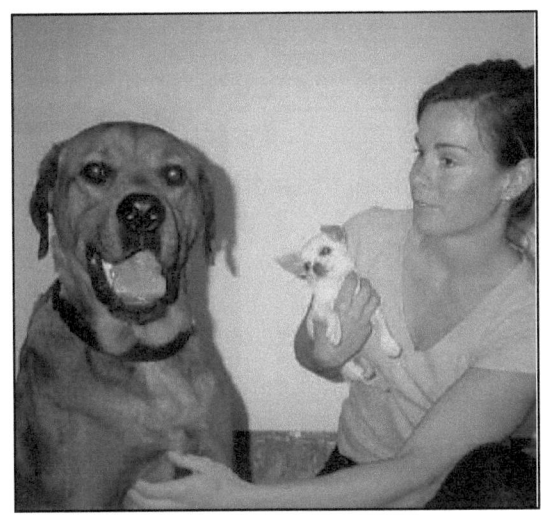

Igen er denne beslutning et personligt valg, som kun du kan træffe. Den tydeligste forskel er, at de rene racers udseende og adfærd er nemme at forudsige, hvorimod enhver blandrace er absolut unik – en af slagsen.

Uanset dine personlige præferencer for attraktivitet, opmærksomhed og aktivitet, vil du gøre klogt i at overveje den generelle sundhed og levetid. I det store hele er de blandede racer genetisk sundere, fordi de ikke er indavlet; de lever som regel længere og har færre sundhedsproblemer. På den anden side er det muligt at tjekke venlighed den grundlæggende opførsel, sundhed og levetid hos flere generationer af din mulige hvalps forfædre hos en opdrætter.

Hvilken race?

Jeg er kraftigt imod at anbefale specifikke racer til folk. Det virker måske som et hjælpsomt og ganske harmløst råd, når nogen anbefaler en bestemt race. Men det gavner hverken hunden eller hundens ejere og det kan være farligt. Råd enten for eller imod bestemte racer, leder ofte ejere til at tro, at træning og opdragelse enten er unødvendigt eller umuligt. Derfor vokser mange hunde op uden træning.

Raceanbefalinger får ofte uvidende ejere til at tro, at der ikke behøver gøres mere, efter de har fundet den perfekte race. Ejere lider ofte under misforståelsen, at træning og opdragelse er unødvendig, hvis bare de vælger en "god" race, så hvorfor besvære sig? Det er selvfølgelig her, at tingene begynder at gå ned ad bakke.

Endnu mere foruroligende er det, at mens bestemte nogle bliver anbefalet, så er der andre, som automatisk bliver frarådet. "Eksperter" foreslår ofte, at visse racer er for store, for små, for aktive, for sløve, for hurtige, for langsomme, for kloge eller for dumme og derfor for svære at træne. Nå, men vi ved altså, at uanset, hvad fremtidige ejere får for "hjælpsomme" råd, så vil de nok alligevel anskaffe sig den race, de har ønsket sig fra begyndelsen. Men nu orker de så ikke at bruge energi på at træne hvalpen, fordi såkaldte eksperter har sagt, at det alligevel er umuligt. Eller ejeren kan begrunde sin negligering af træningen med, at racen jo ikke behøver trænes, fordi den er så klog, venlig osv.

Racen er et personligt valg. Vælg en race du kan lide. Undersøg hvad der findes af racespecifikke kvaliteter og problemer, og find ud af, hvordan du bedst kan opdrage og træne din hvalp. Hvis du vælger en race, som andre mener er en nem race, så træn den, så den bliver det bedste individ inden for racen – en ambassadør for racen. Og hvis du vælger en race, som andre mener er svær at opdrage og træne, så *træn den, træn den og træn den*, så den bliver det allerbedste eksemplar af racen – en ambassadør for racen.

Uanset hvad din beslutning falder på, så ligger ansvaret for succes og fiasko i dine hænder! Din hvalps adfærd og temperament afhænger nu 100% af god opdragelse og træning.

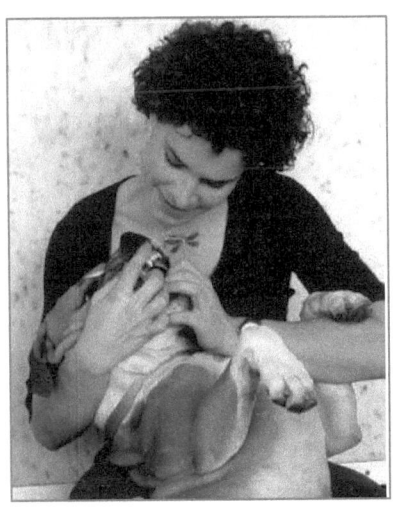 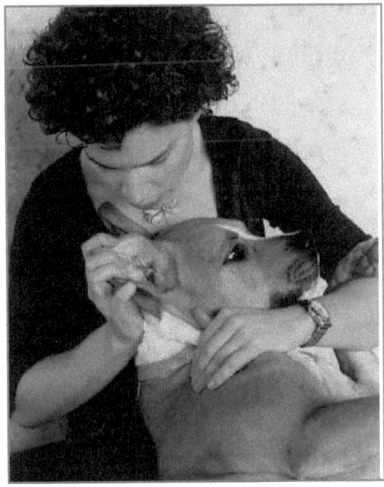

Når du evaluerer de forskellige racer, så det let at få øje på de positive sider. Det du har brug for at vide, er racens dårlige sider. Du er nødt til at undersøge potentielle racespecifikke (eller liniespecifikke) problemer og vide, hvordan du skal omgå dem. Find mindst seks voksne hunde af racen, hvis du vil kende mere til dennes gode og dårlige sider. Tal med deres ejere, men mød først og fremmest hundene! Undersøg dem og rør ved dem; leg med dem og arbejd med dem. Se om hunden gerne vil klappes af en fremmed, (altså dig). Vil de sidde? Går de pænt i snor? Gøer de? Er de rolige og fattede, eller er de hyperaktive og vilde? Kan du undersøge deres ører, øjne og bagdel? Kan du åbne deres mund? Kan du få dem til at rulle om på ryggen? Er ejernes hjem og have i god stand? Og vigtigst af alt; kan hundene lide mennesker og andre hunde?

Det er klogt at vide, hvad du kan forvente, inden du anskaffer dig en hund. Når du har hentet din lille nuttede otte ugers-hvalp hjem, så vil du snart opdage, at den vokser op i en frygtelig fart. På bare fire måneder vil din hvalp faktisk udvikle sig til en seks måneder gammel unghund Den vil have vokset sig til næsten voksen størrelse, styrke og fart, mens den i den samme tidsrum bibeholder mange hvalpesider. Der er så meget, din hvalp skal lære, inden den kolliderer med den nærtstående unghundeperiode. Når det gælder personlighed, adfærd og temperament, så bør du være at hunde af samme race kan udvise stor variation. Du sætter sikkert også pris den forskel i temperament og personlighed, som findes bland dine søskende eller børn.

Almindelig håndtering af hunden er noget af det vigtigste, du skal vurdere når du testkører voksne hunde af den race, du er interesseret i.
Har hunden noget imod at blive holdt fast? Kan du undersøge dens tænder, poter, ører osv.

Det samme gælder for hunde. Der kan altså også være lige så stor variation af adfærd imellem individer af samme kuld, som der er på hunde af forskellige racer.

Miljøpåvirkninger (socialisering og træning), udgør en meget større indflydelse på den ønskede adfærd og temperament end den genetiske arv. For eksempel er temperamentsforskellen mellem en god (trænet) alaskan malamut og en dårlig (utrænet) malamut, eller mellem en god golden og en dårlig golden meget større end temperamentsforskellen mellem en malamut og en golden som har samme erfaring og træningshistorie. En hunds uddannelse (socialisering og træning), har altid den største faktor, som afgør dens fremtidige adfærd og temperament. Vær helt sikker på, at du forstår det ovenstående. Jeg mener ikke, at træning nødvendigvis har en større effekt på hundeadfærd end genetisk arv. Jeg holder hellere kategorisk fast i, at ønsket domesticeret hundeadfærd næsten kun afhænger af socialisering og træning. For eksempel gøer hunde, de graver, bider, markerer og logrer med halen stort set kun på grund af den genetiske arv –> fordi de er hunde. Frekvensen af deres gøen, bidets alvor, lokaliteten af deres markering og entusiasmen hvormed de logrer halen, afhænger imidlertid mere eller mindre kun af socialisering og træning. Ansvaret, for din hunds succes som menneskets bedste ven, ligger i dine hænder.

Forfatteren med hundestjernen Moose og hundetræneren Mathilde DeCagny på Association of Pet Dog Trainers' årlige konference i San Diego.

Film hundestjerner

Lad dig ikke narre af de berømte hunde som vises i film og tv-serier, når du skal vælge en race. Disse hunde er veltrænede skuespillere. Lassie er blevet spillet af mindst otte forskellige hundeskuespillere. Hundene spiller en rolle og ofte skjuler rollerne den rigtige races og individs karakteristik. Når vi ser Anthony Hopkins spille sin rolle som Hannibal Lecter i *Ondskabens Øjne* eller C. S Lewis i *Shadowlands* – to vidt forskellige roller, så ved vi godt at disse to vidt forskellige karakterer ikke har meget med den rigtige Anthony Hopkins at gøre. Det er skuespil og man kan på en måde sige, at du skal lære din hvalp at spille en rolle. Du skal lære den, hvordan den skal agere i et hav af menneskeskabte kulisser, såsom hjemmet, parken, bilen osv.

I Tv-serien Fraiser virker Eddie (Moose) til at være en rolig lydig hund. Det gør den, fordi Moose, *den Aktive* var blevet trænet til at være rolig og lydig for at kunne spille rollen som Eddie. Desuden har Eddies bedårende fjernsynsoptræden, hans tillærte sociale pli, hans charmerende opførsel og skuespillerevner faktisk lykkes med at få bugt med hans oprindelige halvkriminelle tilbøjeligheder.

Her følger et uddrag fra "Doggy Dialogues" – et interview mellem undertegnede, Moose og hans træner, Mathilde DeCagny. (Uddraget fra "Doggy Dialogues" er gentrykt fra *The Bark*, med tilladelse fra forlaget).

ID: *Hvordan er Moose i virkeligheden?*

MD: Moose har sin egen personlighed. Jeg fik ham, da han var omkring to år og dengang var han en terrorist. En drillesyg egoist. Han forsøgte konstant at stikke af, han jagtede egern, han gik i skraldet og sloges med andre hunde. Hans indkald var ikke eksisterende. Jeg kunne aldrig få ham til at komme tilbage til mig. Og jeg var ikke den første som havde forsøgt. Han tissede overalt, og han var bare så vældig meget....!

ID: *Han lyder til at være en rigtig menneskefilmstjerne.*

MD: Absolut! Men han har ændret sig meget. Han er en anden hund. Han er interesseret i træning, og han elsker tanken om at have travlt. Han har altid været utålmodig – ingen tålmodighed overhovedet. Det var altid Moose, Moose, Moose, lige nu, lige nu. Så gennem årene har jeg lært ham at være lidt mere tålmodig og til at være lidt mere sød ved mig. Oprindeligt var han ekstremt uafhængig, og han var ligeglad med at blive kælet. Han havde ejere før mig, som bare ikke kunne holde ham ud, fordi der ikke var nogen gensidighed fra hans side. Nu er han meget kærlig.

Hvornår skal du have hvalpen?

Bort det fra det indlysende svar; ikke før du er klar, så er det rigtige tidspunkt, efter du har fuldført din hunde-uddannelse.

En vigtig overvejelse er hvalpens alder. De fleste hvalpe skifter hjem på et eller andet tidspunkt i deres liv, normalt fra det originale hjem, (hvor de blev født), til nye hjem sammen med deres nye menneskeledsagere. Det optimale tidspunkt afhænger af mange variabler, bl.a. hvalpens emotionelle behov, dens allervigtigste socialiseringsprogram og niveauet af hundeerfaring i hvert hjem.

At forlade hjemmet kan være traumatisk, og det er en vigtig faktor at mindske hvalpens emotionelle trauma. Hvis hvalpen forlader hjemmet for tidligt, vil den gå glip af tidlig hvalp-hvalp og hvalp-moder påvirkninger. Og eftersom de første uger i et nyt hjem ofte bliver brugt i et hundesocialt vakuum, så vil den udviklende hvalp måske vokse op med manglende socialisering til sin egen slags. På den anden side, jo længere tid hvalpen bliver i sit originale hjem, jo mere knyttet bliver den til sin egen hundefamilie og jo sværere bliver skiftet.

Otte-ugers alderen har længe været accepteret som den optimale alder, hvor hvalpen skifter hjem. Ved otte-ugers alderen er der sket tilstrækkelig hund-hund socialisering med moderen og resten af kuldet, så hvalpen kan klare sig, til det er sikkert at mødes og lege med andre hvalpe i parken og hvalpeträning.

Hvalpen er stadig ung nok til at forme et stærkt bånd til sine nye familiemedlemmer.

Graden af hundeerfaring i de forskellige hjem er en vigtig overvejelse, når du skal afgøre, om hvalpen har bedre af at blive længere i sit originale hjem, eller forlade det tidligere for at flytte ind til sine nye ejere. Man har ofte en forventning om, at opdrættere er eksperter, mens hundeejere er nybegyndere. Derfor kunne det virke fornuftigt at lade hvalpen blive hos opdrætteren længst muligt. En samvittighedsfuld opdrætter er ofte mere kvalificeret til at socialisere, renlighedstræne og bidetræne hvalpen. Når dette er sandt, så virker det fornuftigt at hente hvalpen, når den er lidt ældre. (Jeg spørger faktisk nogle gange debuterende hundeejere, om de har overvejet at få en moden og veltrænet hund, som et alternativ til en ung hvalp.) Dette er selvfølgelig forudsat, at opdrætteren har en overordnet ekspertise. Ligesom der findes glimrende gennemsnitlige, debuterende og uansvarlige hundeejere, findes der desværre også glimrende, gennemsnitlige, debuterende og uansvarlige opdrættere. Ved en kombination af en erfaren hundeejer og en under gennemsnitlig opdrætter, så vil hvalpen nok have bedst af at flytte til sit nye hjem, så tidligt som muligt, senest ved 8 ugers alderen. Hvis du mener, at du er kvalificeret til at opfostre hvalpen, men opdrætteren ikke vil lade dig hente din hvalp når den er 8 uger, så led efter hvalp et andet sted. Husk, du leder

efter en hvalp, som skal bo hos dig, ikke hos opdrætteren.
Faktisk ville det nok være bedst at lede et andet sted alligevel,
siden en under gennemsnittet opdrætter sikkert opfostrer sine
hvalpe under gennemsnittet hvad angår socialisering, venlighed
over for mennesker og træning.

Hvor skal du have hvalpen fra?

Uanset om du vælger din hvalp fra en professionel opdrætter
eller fra en familie, som har fået hvalpe for første gang, så er
kriterierne de samme. For det første skal du lede efter hvalpe, der
er vokset op indendørs i menneskers selskab og påvirkning.
Undgå hvalpe, som er vokset udenfor i en løbegård. Husk, du vil
have en hvalp, som du skal dele dit hjem med. Kig efter en hvalp
som er vokset i et hjem. For det andet skal du vurdere din
fremtidige hvalps nuværende socialiserings- og uddannelses-
status. Hvis ikke din fremtidige hvalps socialiserings- og
træningsprogram allerede er godt i gang, så er den, uanset
opdræt, stamtræ og race, allerede udviklingsmæssigt retarderet.
En god opdrætter vil være meget kræsen, når det gælder accept
af eventuelle hvalpekøbere. En hvalpekøber bør være lige så
kræsen, når det gælder valg af opdrætter. En kommende
hundeejer kan begynde med at vurdere opdrætterens ekspertise
ved at lægge mærke til sig, om opdrætteren går mere op i

hvalpenes mentale og fysiske sundhed end deres udseende. Du er nødt til at afgøre:

1) Om alle opdrætterens voksne hunde er venlige over for mennesker og om de er veltrænede,

2) Om din kommende hvalps forældre, bedsteforældre, oldeforældre og andre relationer, alle levede et langt liv

3) Om din fremtidige hvalp allerede er socialiseret og veltrænet. En venlig hund er ikke til at tage fejl af, når du møder den. Derfor bør du møde så mange af din kommende hvalps familierelationer som muligt. Venlige hunde er levende bevis for god socialisering hos en god opdrætter.

Undgå opdrættere, som kun vil vise dig hvalpene. En god opdrætter vil først tage sig tid til at se, hvordan du kommer ud af det med de voksne hunde, før han overhovedet lader dig komme i nærheden af hvalpene. En god opdrætter ville ikke lade dig gå derfra med en hvalp, hvis du ikke vidste, hvordan du skulle håndtere en voksen hund. Din hvalp bliver jo også voksen i løbet af få måneder. Som det andet bør du evaluere så mange voksne hunde fra din fremtidige hvalps familie som muligt, før du lader dit hjerte blive forført af et kuld superkære hvalpe. Hvis alle de voksne hunde både er venlige mod mennesker og velopdragne, så er der en god chance for, at du har fundet en exceptionel opdrætter.

Din endegyldige vurdering af de forskellige opdrættere
bør fokuseres både på hvalpenes adfærd og
temperament samt på deres forventede levetid. (Se 2.
deadline for udvikling). Ligeledes afhænger søgningen
efter en god hvalp af, at du finder en god opdrætter.
Hvalpenes fysik, adfærd og temperament afspejler
opdrætterens kundskab og ekspertise. Således går
søgningen efter en god opdrætter og udvælgelsen af
en individuel kvalitetshvalp forventeligt hånd i hånd.

Det bedste tegn på almen sundhed, god adfærd og et godt
temperament er den samlede forventede levetid af en kennel
linje. Undersøg om din kommende hvalps forældre,
bedsteforældre, oldeforældre og andre relationer stadig lever og
har et godt helbred, eller om de døde i en moden alder.
Samvittighedsfulde opdrættere vil have telefonnumre til tidligere
hvalpekøbere og til ejerne af hvalpenes far klar og tilgængelige.
Hvis opdrætteren ikke er meget for at udgive information omkring
levetiden og forekomster af racespecifikke sygdomme, så led et
andet sted. Der findes opdrættere, som vil være
imødekommende over for dine ønsker og bekymringer. Før du
forelsker dig i en lille hvalp, bør du maksimere sandsynligheden

for, at du og hvalpen vil tilbringe et langt og godt liv sammen. Hunde der lever længe reklamerer desuden for et godt temperament, da hunde med adfærds- og temperamentsproblemer generelt lever et kort liv.

Hvalp eller Voksen hund?

Inden du farer ud og køber en hvalp, er det en god ide at i det mindste overveje for og imod for at adoptere en voksen hund. Der er bestemt mange fordele ved at anskaffe sig en hvalp. En af dem er, at de nye ejere kan forme og tilpasse hvalpens adfærd og temperament til deres livsstil. Dette kræver selvfølgelig, at de nye ejere ved, hvordan de skal træne hvalpen og at de har tiden til det. Nogle gange har de ikke tiden. Derfor kan en voksen,

Lille Brune Oliver blev adopteret fra Chicago Heights Humane Society da han var ni måneder gammel. Han har nu opnået en NPH status (Nästen Perfekt Hund)

velopdraget hund mange gange være mere passende - specielt for et hjem med to indkomster, hvor familiemedlemmerne knapt kan finde tid til hinanden. En toårig (eller ældre) voksen hunds vaner, opførsel og temperament er allerede veletableret, i medgang og modgang. Karaktertræk og vaner kan skifte lidt med tiden, men sammenlignet med de ændringer, der sker med hvalpe, så er voksne hundes gode vaner ligeså modstandsdygtige overfor ændringer, som de dårlige vaner er. Det er muligt at testkøre flere voksne internathunde og vælge en hund fri for problemer, som har etableret en personlighed, som falder i din smag. Overvej i det mindste dette alternativ.

Adoption af en voksen hund fra et dyreinternat kan være et fantastisk alternativ til opdragelse af en ung hvalp. Nogle internathunde er veltrænede og mangler bare et hjem. Andre har nogle få adfærdsproblemer og kræver deres hvalpetræning i voksenlivet. Nogle er rene racer: de fleste er blandinger. Nøglen til at finde en god internathund er udvælgelse! Udvælgelse!! Udvælgelse!!! Giv dig tid til at "testkøre" hver enkel kandidat. Hver hund er unik.

"Rotteweileren" Tater Tat (adopteret da den var to år gammel) vandt 1. pladsen i KPIX Late Show Stupid Pet Tricks' konkurrence og har vundet K9-games to gange)

Hvis du stadig er fast besluttet på at opfostre og træne en hvalp, så sørg for at du træner dig selv først. Anskaf først hvalpen efter du har lært, hvordan du skal opfostre den. Husk, det tager kun nogle få dage at ødelægge en ellers perfekt hvalp. Du kan spørge dig selv; " Hvor kommer internathundene fra? " Tænk på,

at alle voksne internathunde en gang var små søde, perfekte hvalpe, som nu er blevet efterladt på internatet, fordi de har udviklet besværlige adfærds- trænings og temperamentsproblemer. Rækkefølgen er alt for forudsigelig. Hvalpen får for meget frihed i starten, og overlades for meget til sig selv uden opsyn. Hvalpen begynder at bide lidt på møblerne i hjemmet og gør sig ren på de ægte tæpper. Ejeren forsøger at løse disse helt forudsigelige og almindelige problemer, ved at lade den nu unge hund være ude i haven det meste af dagen. Derude bliver hunden i hvert fald ikke socialiseret. Til gengæld udvikler den endnu flere irriterende vaner, som at tisse i krydderurterne og grave planterne op. Den gøer af alt og alle og engang imellem stikker den af. Efter hel dag alene i haven bliver hunden overeksalteret, når den endelig bliver lukket ind Den løber entusiastisk rund, den gøer, den hopper op for at hilse på sin savnede ven. Snart er den ustyrlige unghund ikke længere velkommen inde i huset. Så begynder naboerne at klage over, at hunden gøer eller den bliver fanget på en af sine springture. Nu må hunden så ikke være i haven længere. I stedet bliver den henvist til en kælder eller garage, hvilket som regel bare er en kortsigtet løsning. Inden længe overgives den nu uønskede, unge hund til et dyreinternat. Og den har ikke

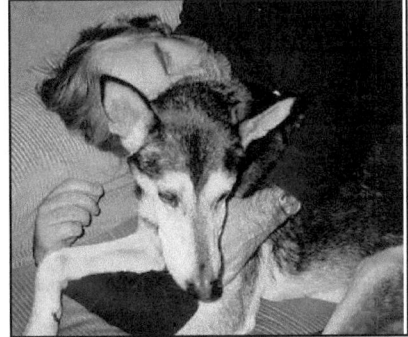

engang fejret sin 1 års fødselsdag!

Alle adfærdsproblemer, temperamentsproblemer og træningsproblemer er så utroligt forudsigelige. Selv de fleste eksisterende problemer kan løses ret let. Nøglen til at løse problemer ligger i viden og uddannelse.

Uanset om du vælger at anskaffe en hvalp eller en voksen hund, så sørg for at neutralisere din hund. Der findes allerede alt for mange uønskede hunde. Millioner af hunde aflives hvert år. Bidrag ikke til at flere skal lade livet!

Når du har fuldført din hundeuddannelse, er det tid til at købe ind til din kommende hvalp. Der findes et enormt udvalg af hundeartikler og træningsudstyr og det kan være forvirrende at vide, hvad du skal vælge.

Nedenfor ser du en liste med produkter, som jeg anser for at være gode at have. Mine personlige præferencer skrevet i parentes.

Indkøbsliste

1. **Bøger og Dvd'er** om hvalpeträning og forebyggelse af problemer.

2. **Hundebur** (Vari Kennel), og måske en kravlegård, eller børnelåger til begrænsning.

3. **Mindst 6 stykker tygge legetøj**, som man fylde med tørfoder og godbidder, (Kong produkter og ben).

4. **Hundetoilet** (lav dit eget, se side ...)

5. **Vandskål**

6. **Hundemad, tørfoder**. Sørg for, at din hvalp får al sin mad fra fyldte Konger (el. lign.), eller fra hånden som belønning.i

7. **Frysetørret lever** - til mænd, børn og fremmede som skal vinde hvalpens tillid, og som belønning ved renlighedstræning, (Benny Bullys)

8. **Halsbånd og snor**, (Premier Pet produkts)

9. **En hvalpeinstruktør**. Kontakt DKK for at få oplyst hvor der findes hvalpetræning.

Kapitel 3

Den 2. deadline for udvikling
Evaluér din fremtidige hvalps udvikling
(Før du vælger din hvalp)

D in lille hvalp skal allerede være vænnet til et hjemligt indendørsmiljø og socialiseret til mennesker, når du henter den hjem ved 8-ugers alderen. Det samme gælder bidetræning, renlighedstræning og indlæring af gode vaner, som også allerede bør være i gang. Hvis dette ikke er tilfældet, så er din kommende hvalps sociale og mentale udvikling allerede underudviklet, og du kommer nok til at skulle rette op på det resten af hundens liv. Din hvalp vil kræve ekstra meget hjælp til socialisering og træning i meget lang tid.

Vær fuldstændig sikker på, at din hvalp er opvokset indendørs, i tæt kontakt med mennesker, som har brugt meget tid på hvalpenes uddannelse.

Det er indlysende, at hvis man vil anskaffe en hund, som skal bo i et hjem med mennesker, så skal hvalpen være opfostret sammen med mennesker. Din hvalp har behov for at blive forberedt til hverdagsstøjen i et hjem, Den skal forberedes på larm fra fra støvsugeren, potter og pander der tabes, sportsprogrammer med skrigende kommentatorer, grædende børn og voksne der diskuterer. Hvis hvalpene udsættes for disse stimuli, mens deres øjne og ører stadig udvikles, så har de mulighed for at successivt (med sløret syn og mindsket hørelse), vænne sig til støjen og synet, som måske ellers ville have skræmt dem fra vid og sans, senere i livet.

Det giver ingen mening at vælge en hvalp, som er opvokset i en mere eller mindre socialt isoleret baghave, en kælder eller hundegård, hvor der ikke findes mulighed for samvær med mennesker. Desuden har disse hvalpe vænnet sig til at urinere hvor om helst og når som helst. De har sikkert allerede vænnet sig til at gø hele tiden. Hvalpe, som er opvokset i afsondrethed og delvis social isolation, er næppe forberedt til at leve i et hushold, og de er bestemt ikke forberedt til at møde børn. Hvalpe, som er opvokset i en baghave eller hundegård, er bestemt ikke kvalitets kæledyr; de er husdyr, ligesom grise og køer. Led et andet sted! Kig efter hvalpekuld, som er født og opvokset i et køkken eller en stue.

Hvis du leder efter et familiemedlem, som du kan dele dit hjem med, så bør hvalpen selvfølgelig være opvokset i et hjem. Ikke et bur.

Hvordan man vælger en god hvalp

Din kommende hvalp skal kunne lide at blive håndteret af fremmede, (f. eks dig og din familie). Hvalpen bør være vænnet til de hjemmelige lyde, inden den er fire uger gammel. Ligeså bør renlighedstræningen være i gang. Dens yndlingslegetøj bør være en hul bideting (som kan fyldes med hvalpefoder). Hvalpen skal komme jer glad og ivrigt i møde, følge efter, sidde, dække og rulle rundt når den bliver bedt om det. Hvis den ikke gør det, har din hvalp haft en dårlig lærer eller også lærer hvalpen langsomt. Led et andet sted uanset, hvad årsagen er.

Regelmæssig (flere gange om dagen) håndtering af flere mennesker, specielt mænd, børn og fremmede, er en essentiel ingrediens i hvalpeopdragelse. Disse øvelser er specielt vigtige i løbet af de første uger. Det er særligt vigtigt med de racer, som er kendt for at være mindre venlige over for fremmede, f. eks. flere asiatiske racer og hyrdehunde og terriere – ja, faktisk de fleste racer!

Den næst vigtigste kvalitet hos enhver hund er, at den elsker samværet med mennesker. Den skal nyde at blive håndteret af alle slags mennesker, specielt mænd, børn og fremmede. Det er let at forebygge alvorlige adfærdsproblemer hos den voksne hund, hvis man socialiserer hvalpen tidligt.

Den allervigtigste kvalitet hos en hund er bidehæmning og en blød mund, som skal udvikles allerede i hvalpetiden.

Håndtering

Hvis du vil have en voksen hund, som er kælen og kærlig, så er du nødt til at kæle og kærtegne din hvalp en hel masse. De nyfødte hvalpe er sarte og hjælpeløse væsener. De kan knap gå og de har en del følelsesmæssige indskrænkninger. Men de behøver stadigvæk at blive socialiseret. Nyfødte hvalpe er ekstremt følsomme og let påvirkelige, og det er den bedste tid at vænne dem til at blive håndteret. Nyfødte hvalpe ser og hører måske ikke så godt endnu, men de kan lugte og føle. Neonatal- og tidlig hvalpesocialisering, som er af allerstørste vigtighed, bør foregå blidt og forsigtigt

---

- Spørg opdrætteren, om hvor mange mennesker der har håndteret, kærtegnet, trænet og leget med hvalpene pr. dag.
- Spørg om, hvor mange børn, mænd og fremmede, der har været med hvalpene.
- Undersøg hver enkelt hvalp og se, om de bryder sig om at blive kælet og krammet, (holdt mildt fast) Læg særligt mærke til, om den nyder at blive kælet og masseret omkring dens nakke, mund ører, poter og bagdel.

Alfa nedlægning ??????

Instruktører fra den mørke side foreslår, at man griber fat i hvalpens kinder, vender den rundt og lægger den på ryggen, og holder den nede med magt for at se, om den kæmper imod. De kalder denne øvelse for Alfa Nedlægning. Det er lige så dumt, som det er ondt. Hvordan ville du føle det, hvis en gigantisk hund på et ton pludselig greb dig i nakkeskindet og stirrede dig direkte og truende i øjnene. Hvis ikke du kæmpede imod, ville du sikkert blive passiv, og som følge af angsten tisse i bukserne. Det eneste denne dumme manøvre beviser er, at hvalpe bliver bange, når mennesker skræmmer dem, og at hvalpene selvfølgelig enten kæmper imod eller bliver passive.

Du skal selvfølge afgøre, hvor hurtigt din potentielle hvalp accepterer og nyder håndtering og tilbageholdelse. Men det er ikke nødvendigt at skræmme den fra vid og sans. Løft hvalpen op og kram den forsigtigt i dine arme. Du finder hurtigt ud af, om den slapper af som en kludedukke, eller sparker og kæmper. Hvis den kæmper, så hold den forsigtigt fast, mens du beroligende stryger hånden mellem øjnene eller masserer ørerne eller brystet og se, hvor hurtigt den falder til ro.

Lydfølsomhed

Før øjne og ører er fuldt udviklede, bør hvalpene udsættes for forskellige lyde, specielt hos lydfølsomme hunde, som f. eks hyrde- og lydighedsracer.

Spørg opdrætteren om hvilke hverdagslyde, hvalpene er blevet udsat for.

Spørg ind til om hvalpene har været udsat for høje og pludselige lyde, såsom voksne der taler højt, børn der græder, fjernsynet, radio og musik (rockmusik, klassisk musik osv.).

Evaluér hvalpenes respons til forskellige lyde, f. eks talende mænd, talende børn, grinene mennesker, mennesker der "lader som om" de græder, fløjt og håndklap. Det er meget normalt, at hvalpe reagerer på disse lyde. Det, du skal evaluere, er omfanget af reaktionen og hvor lang tid hvalpene trækker sig tilbage. Vi har for altså en forventning om, at hvalpen reagerer på en pludselig og uventet lyd, men vi forventer ikke, at den går helt i stykker. Du skal vurdere, om hvalpen reagerer eller overreagere, og du skal vurdere bounceback-tiden, som er den tid, der går fra hvalpen reagerer til den vil nærme sig dig og tage imod en godbid. Du kan forvente en ekstremt kort bounceback tid hos Bull-racerne, en kort bounceback tid hos arbejdshunde og terriere, men regn med en lidt længere bounceback tid hos selskabs- og hyrdehunde racer. Uanset race eller type så er overdrevne reaktioner, som panik eller meget lang bounceback tid imidlertid

bevis på, at hvalpen er utilstrækkelig socialiseret. Hvis en rehabilitering ikke lykkes, risikere hvalpen at vokse op og blive meget følsom for lyde og det er ikke let at leve med.

Hjemlige regler

Spørg ind til hvalpenes igangværende renlighedstræning og bidetræning. Det er godt, hvis du kan få lov til at observere hvalpekuldet i mindst en time. Læg mærke til, hvad hver enkel hvalp bider i og hvor hver enkelt hvalp gør sig ren.

Læg mærke til om hvalpene har hult bidelegetøj, (som f.eks. Kong's, madbolde og steriliserede ben), fyldt med tørfoder.

Se efter om der findes et hundetoilet i hvalpenes opholdssted. Ud fra hvor mange pølser og pytter, der ligger på toilettet i forhold til på gulvet, er det let at danne sig et indtryk af, hvor hvalpen vil gøre sig ren, når den kommer hjem til dig.

Hvis hvalpene ikke har et toilet tilgængeligt og hele hvalpearealet er dækket med avispapir, så har hvalpene udviklet en stærk præference for at gøre sig ren på papir. Disse hvalpe kræver ekstra renlighedstræning, når de ankommer til deres nye hjem.

Hvis der ikke er noget hundetoilet og hele arealet er dækket med hø eller papirstumper, så har hvalpene lært at gøre sig rene hvor som helst, hvilket de også vil gøre i dit hjem. Jo ældre hvalpen er, jo sværere vil det være at renlighedstræne den.

Den grundlæggende opdragelse

Spørg ind til hvalpenes igangværende træningsprogram. Få opdrætteren til at vise dig, hvad hvalpene kan, for eksempel, at sidde, dække, komme eller rulle rundt. Prøv selv at lave nogle små lydighedsøvelser med hvalpene og evaluér hver enkelt hvalps reaktion på din lokke- og belønningstræning.

Personlige præferencer

Når du vælger en hvalp, er det virkelig vigtigt, at alle i familien er enige. Du bør vælge den hvalp, som I alle sammen synes bedst om, og en hvalp, som kan lide jer alle. Sæt jer sammen som en

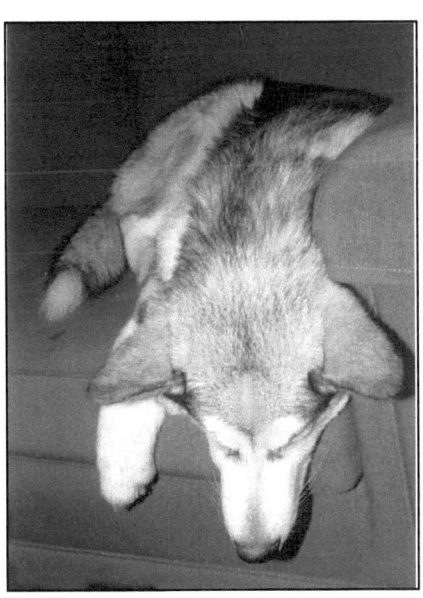

Tilbring mindst to timer, når du skal udvælge en hvalp. 8-ugers hvalpe skifter mellem hyperaktivitet og totalt udmattelse hver 90ende minut. Sørg for at du får et helhedsbillede af din hvalps adfærdsrepertoire.

59

familie og se hvilken hvalp der først tager kontakt til jer, og hvilken en som bliver i nærheden af jer længst tid.

I mange år var det fastslået at hvalpe, som ivrigt nærmede sig, sprang op og nappede hænderne, absolut ikke var egnet som kæledyr, eftersom de var aggressive og svære at træne. Det forholder sig dog lige modsat. Disse hvalpe er helt normale og velsocialiseret otteugers hvalpe, som har opdragelsen til gode. De hilser simpelthen bare på rigtig hvalpe maner. Med lidt grundlæggende træning kan du omdirigere hvalpens overstrømmende glæde, og få det hurtigste indkald og de hurtigste sit/dæk på hvalpeholdet. Hvalpe, der bider, er helt normale, og det er bestemt nødvendigt. Det forholder sig faktisk sådan, at jo mere hunde har bidt som hvalpe, des blødere og mere sikre er deres kæber i voksenlivet.

Jeg ville være mere bekymret for hvalpe, som var langsomme til at nærme sig, og som helst ville gemme sig. Det er unormalt for en velsocialiseret 6-8 uger gammel hvalp at være sky i nærheden af mennesker. Hvis hvalpen virker sky eller angst er den uden tvivl ikke blevet socialiseret tilstrækkeligt. Hvis du alligevel har forelsket dig i en sådan hvalp, så sørg for at hvert enkelt familiemedlem kan lokke hvalpen til at komme hen og tage en godbid, inden du køber den. En sky hvalp har brug for et tidskrævende engagement, da den skal håndfodres hver dag af flere forskellige fremmede personer. Du får nok at se til de første fire uger, hvis du skal rehabilitere en sky hvalp. Tag dig i agt for opdrættere som vil tvinge deres mening igennem, når overvejelsen falder på om du skal neutralisere din hund, eller du vil bruge den til udstilling. Husk, det er hos dig, hvalpen skal bo. Det er dit ansvar at opdrage hvalpen, og det og beslutningen om hundens reproduktive status eller udstillingskarriere bør være din. Der findes masser af andre former for hundesport og aktiviteter, som du og din neutraliserede hund kan underholde jer med, som rally og freestyle, lydighed, agility, flyball, frisbee, forsvarstræning, redningshundearbejde slædesport og søgningsarbejde

Det er udelukkende dit valg, men det måske en ide at overveje neutralisering. Alene på dyreinternaterne bliver millioner af hvalpe og unge hunde aflivet hvert år. Der er simpelthen for mange hvalpe, og det er ikke retfærdigt hverken overfor hvalpene eller de dyreelskende ansatte på internatet. Vær med til at ændre statistikken ved at neutralisere din hund. Neutraliser din hvalp.

"Enehvalpe"

De fleste hvalpe har tilstrækkelig mulighed for at lege med sine kuldsøskende i løbet af de første otte uger. "Enehvalpe" (uden kuldsøskende) har derimod ingen mulighed for at lege (slås for sjov og småbide) med i andre hvalpe. Derfor står træning af bidehæmning øverst på prioritetslisten, når du henter hvalpen hjem. Tilmeld din hvalp til hvalpeträning, så snart det er sikkert. Det er ufattelig vigtigt, at hvalpen bliver socialiseret og får lov til at lege med andre hunde, så den har mulighed for at udvikle og bibeholde en blød mund.

Almindelige faldgruber

"Vores sidste hund var fuldstændig pålidelig. "
Måske var du bare heldig, da du købte den perfekte hvalp. Eller måske var du en dygtig træner. Men kan du stadig huske, hvordan du gjorde og har du stadig tiden til at gøre det?

"Vores tidligere hund elskede børn. "
En ung familie elskede deres første hund og brugte en masse tid på hundens træning. Hele familien var med til hvalpetræning og arrangerede selv hvalpefester hjemme for børnenes venner. Derfor tilbragte hvalpen en masse af tid med børn, som legede med den og gav den kærtegn og godbidder. Selvfølgelig elskede hunden børn. Hunden nød disse gyldne år, iagttog stolt hvordan børnene voksede op og blev færdige med skolen. Da tiden kom, hvor forældrene skulle have deres næste hund, var børnene flyttet hjemmefra. Den nye hvalp voksede op i en verden uden børn. Det gik også fint i mange år, lige indtil den dag hvor børnebørnene kom på besøg.

Hvis du virkelig vil have en udfordring

Hvis du virkelig vil give dig selv en udfordring i renlighedstræning, så køb en tre måneder gammel hvalp fra en dyrehandel eller hundefabrik, som har levet i et bur med papirstumper og hø på gulvet, og uden noget specifikt toilet areal. Denne hvalp har lært at gøre sig ren hvor som helst, når som helst. Og det er præcis hvad den vil gøre når den kommer hjem til dig. Du kommer til at tørre urin og afføring op i meget lang tid!

Husk!

Den hvalp, du vælger, skal bo i dit hjem og tilpasse sig din livsstil. Så vær sikker på, at hvalpen er vokset op et hjemligt miljø og at den passer ind i din livsstil. Tag dig i agt for udtalelser som:

" Vi har ikke lært hvalpene at sidde, fordi de er udstillingshunde". I bund og grund lever denne opdrætter under opfattelsen af, at hunden er så dum, at den ikke kan kende forskel på to simple instruktioner, som "Sit" og "Stå". Led et andet sted. Bare fordi at opdrætteren har valgt at leve med hunde, som ikke engang har lært at sidde, så betyder det ikke, at du skal gøre det! Hvis hvalpen ikke engang har lært de grundlæggende færdigheder, så er der sikkert også mange andre ting, som opdrætteren ikke har lært hvalpene.

" Han er bangebuksen i kuldet. "
Selvfølgelig vil de individuelle hvalpe i kuldet udvise forskellige tendenser, når de nærmer sig fremmede (dig). Men otte uger gamle hvalpe bør ikke være bange for at nærme sig mennesker. Enhver skyhed, angst eller tendens til at undvige mennesker, burde være blevet opdaget og arbejdet med meget tidligere. Den sky hvalp skulle være blevet socialiseret ekstra meget. En enkelt bangebuks i kuldet viser, at opdrætteren ikke har været opmærksom nok i daglige socialisering af hvalpene. Der er

sikkert nogle gode hvalpe i kuldet, men jeg vil alligevel foreslå, at du er opmærksom, når det gælder hvalpenes socialiserings status.

Kapitel 4

Den 3. deadline for udvikling

Fejlfri renlighedstræning og tyggetræning

(Fra den dag, din hvalp flytter ind)

D in nye hvalp er ivrig efter at lære reglerne i dit hjem. Den vil behage, men den er altså nødt til at vide, *hvordan* den kan behage. Før hvalpen kan få adgang til hele hjemmet, skal nogen lære den husreglerne. Der er ingen grund til at holde reglerne hemmelige. Nogen skal forklare dem for hvalpen, og den nogen, det er dig! Hvis ikke hvalpen kender til spillereglerne, så vil den bruge sin fantasi, når den skal finde på noget at lave for at få tiden til at gå. Får hvalpen ikke grundlæggende kendskab til tamhundens spilleregler, så er den jo efterladt til at improvisere sit valg af toilet og legetøj. Hvalpen vælger måske at gøre sig ren på gulvtæpper og i skabe. Dine sofaer og gardiner vil blive anset for legetøj, som skal tygges i stykker. Hvis din hvalp får lov til at begå fejltagelser, vil dårlige vaner hurtigt opstå. Det gør det så nødvendigt at bryde de dårlige vaner, inden du kan lære hvalpen de gode vaner. Hvert kvarter skal planlægges, så renlighedstræning og tyggetræning er fejlfri.

Enhver fejl er en potentiel katastrofe, da den støber fundament for flere i fremtiden.

Fejlfri renlighedstræning og tyggetræning

For at lykkes med din hundeopdragelse, skal du lære din hvalp at træne sig selv med hjælp af begrænsning. Ved at begrænse hvalpens færden i starten, har du mulighed for at forebygge fejltagelser og etablere gode vaner. Hold din hvalp i et begrænset område når du er enten fysisk eller mentalt fraværende så den ikke kan lave ulykker

Jo mere du begrænser hvalpens færden til dens hule eller kravlegård i løbet af de første få uger, des mere frihed vil den kunne nyde som voksen. Jo tættere du følger det igangværende hvalpe- begrænsningsprogram, des hurtigere vil hvalpen blive renlig og vide, hvad den må bide i. Og som en ekstra fordel vil din hvalp lære at falde til ro hurtigt og frivilligt.

Når du ikke er hjemme

Hold din hvalp begrænset til en temmelig lille kravlegård (langsigtet begrænsnings areal), som f. eks. køkkenet, badeværelset eller et bryggers. Brug eventuelt børnelåger til at afgrænse et mindre område af et rum. Din hvalps langsigtede begrænsningsområde bør indeholde:

1. En behagelig seng,

2. En skål med frisk vand,
3. Flere stykker hule legetøj (fyldt med hundemad), og
4. Et hundetoilet (i hjørnet længst fra sengen).

Selvfølgelig har din hvalp behov for at gø, tygge og gøre sig ren i løbet af dagen, og derfor skal den være et sted, hvor den kan få opfyldt sine behov uden at forårsage nogen skade eller irritation. Hvalpe plejer at gøre sig rene længst væk fra sin soveplads, dvs. på hundetoilettet. Fjerner du alle genstande fra kravlegården bortset det hule bidelegetøj, som er fyldt med tørfoder, så får din hvalp snart en ny favoritbeskæftigelse,- nemlig at bide i sit bidelegetøj. En dejlig vane! Langsigtet begrænsning gør det muligt for din hvalp at gøre sig ren et passende sted, at ville lege med det legetøj, den må lege med og til at falde til ro.

Lad din hvalp være i kravlegården indeholdende en seng, vand, legetøj fyldt med mad og et toilet, når du ikke er hjemme.

Formålet med langsigtet begrænsning

1. At begrænse hvalpen til et område, hvor det er acceptabelt at den gnaver i ting og hvor den kan gøre sin ren, så den ikke har mulighed for at lave fejl rundt om i hjemmet.
2. At maksimere sandsynligheden for, at hvalpen vil lære at bruge det tilladte toilet, at den kun bider i sit bidelegetøj (det eneste tilgængelige i kravlegården), og at den lærer at falde til ro.

Når du er hjemme

Leg og træn med hvalpen en gang i timen. Har du ikke mulighed for at vise din hvalp fuld opmærksomhed, så leg med den i kravlegården, hvor der er et egnet toilet og legetøj tilgængeligt. Ellers kan du i perioder på max en time begrænse din hvalp til hulen (det kortsigtet begrænsningsområde), som for eksempel kan være en transportboks. Tag hvalpen ud hver time, og bring den hurtigt til toiletområdet. Din hvalps kortsigtede begrænsnings areal bør indeholde:

1. En behagelig seng og
2. Masser af hult legetøj (fyldt med hundemad).

Det er meget lettere at holde øje med din hvalp, hvis den er faldet til ro på et bestemt sted. Enten kan du flytte buret, så hvalpen er i samme rum som dig, eller du kan lade hvalpen være i et andet rum, for at forberede den til den tid, hvor han skal være alene hjemme. Hvis du ikke bryder dig om tanken om et bur, kan du binde en snor i dit bælte, og få hvalpen til at falde til ro ved dine fødder. Eller du kan binde snoren til en krog ved siden af hvalpens seng. Bind også legetøjet fast, så du undgår de ruller væk.

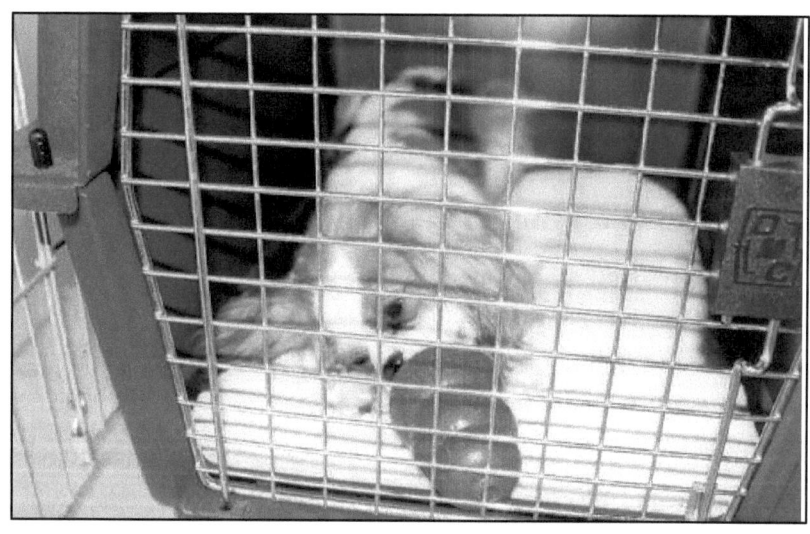

Begræns din hvalp til hulen sammen med sit bidelegetøj, når du er hjemme. Tag hvalpen ud til sit toiletareal en gang i timen og du vil opdage, hvor hurtigt den tisser.

Formålet med kortsigtet begrænsning er trefoldig

1. At begrænse din hvalp til et areal hvor bideadfærd er acceptabelt, så den ikke for mulighed for at lave fejl i hjemmet.
2. At gøre hvalpen til en tyggeholiker (da bidelegetøjet er det eneste tilgængelige og de er fyldt med mad) og at lære hvalpen at falde til ro og slappe af i korte perioder.
3. At forebygge at hvalpen gør sig ren rundt om i hjemmet, og *at kunne forudsige, hvornår hvalpen trænger til at gøre sig ren.* Når hvalpen begrænses til sin seng, hæmmes vandladningstrangen, så sluserne åbnes næsten per automatik, når hvalpen bliver lukket ud af buret hver time. På den måde vil du være der til at vise hvalpen, hvor den må gøre sig ren, belønne den for at lette sig det rigtige sted og bagefter have lille legestund med den dejlige udtømte hvalp.

De fleste hundebure er transportable og kan let flyttes fra rum til rum. Din hvalp lærer hurtigt at falde til ro og underholde sig selv, når du er hjemme, så du sætte dig og læse en god bog i stuen...

...spise middag i køkkenet

...og arbejde ved computeren.

Lær din hvalp at træne sig selv

Hvis du holder fast i den ovenover beskrevet hvalpe-
begrænsningsplan, som forebygger hvalpen i at lave fejltagelser,
så vil renlighedstræning og bidetræning være hurtigt klaret. Går
du væk fra programmet, er det meget muligt, at du vil opleve
problemer, så medmindre du kan lide problemer, bør du
irettesætte dig selv for hver fejl, du tillader din hvalp at lave.

Fejlfri renlighedstræning

Urenlighed er et problem, som egentlig bare er helt en fysisk,
naturlig og nødvendig hundeadfærd (vandladning og afføring),
udført på upassende steder.

Renlighedstræning klares hurtigt og nemt, hvis du roser din hvalp
og/eller tilbyder den en godbid, når den har gjort sig ren et
passende sted. Når først din hvalp opdager, at dens
efterladenskaber er som mønter i en madautomat, dvs. at
afføring og urin kan indløses til lækre godbidder, så vil hvalpen
have lyst til at gøre sig ren på det passende sted. Der er nemlig
ikke er de samme fordele ved at placere sine efterladenskaber på
de ægte tæpper derinde.

Ved urenlighed er der ofte problemer med timingen: enten er
hvalpen på det forkerte sted på det rigtige tidspunkt, (f. eks. i sit
begrænsede område med fuld blære og fulde tarme), eller også

er hvalpen på det rigtige sted på det forkerte tidspunkt, (f. eks. i haven eller på gåtur, men med en tom blære og tom tarm). Timing er essensen af vellykket renlighedstræning. Effektiv renlighedstræning afhænger bestemt af, om ejeren er i stand til at forudsige, hvornår hvalpen trænger til at lette sig. Hvalpen skal have vist, hvor den må gøre sig ren, og den skal belønnes for at gøre den rigtige ting på det rigtige sted- *på det rigtige tidspunkt.* Normalt har hvalpe vandladning lige efter, de er vågnet fra en lur og afføringen kommer som regel efter et par minutter. Men det er ikke altid, man har ti til at vente på, at hvalpen vågner? Det kan være god en ide, at vække hvalpen, så du har mulighed for at belønne hvalpen.

Kortsigtet begrænsning giver dig mulighed for at forudsige, hvornår din hvalp trænger til at få lettet trykket. Når du begrænser hvalpen til et lille areal, hæmmer det vandladningstrangen, da den ikke vil svine sin soveplads til. Derfor er det mere sandsynligt, at hvalpen trænger til at lette trykket, lige så snart den bliver lukket ud.

Renlighedstræning er så nemt som 1 -2 -3

Lad hvalpen opholde sig i sin kravlegård, når du enten ikke er hjemme, har for travlt eller er optaget og ikke kan følge skemaet. Følg nedenstående, når du er hjemme.

1. Hold hvalpen i dens hule eller i snor;
2. Luk den ud hver time, løb hurtigt til det sted, hvor den må gøre sig ren, (giv den evt. snor på). Instruer hvalpen til at gøre sig ren og giv den ca. 3 minutter til at gøre det;
3. Ros hvalpen entusiastisk når den tømmer sig, giv den tre levergodbidder og gå ind og leg/træn med hvalpen. Når det er sikkert (den har fået sine vaccinationer), så gå en tur med hvalpen, efter den har gjort sig ren.

Proceduren ovenover er så let og effektiv...
Så hvad er problemet? "Sjovt at du spørger......"

Hvorfor skal jeg lukke hvalpen ind i sin hule, og ikke i kravlegården?

Kortsigtet begrænsning giver dig mulighed for at forudsige, hvornår din hvalp trænger til at gøre sig ren, så du kan være der, til at vise den det rigtige sted og belønne den for at gøre den rigtige ting på det rigtige sted. I den timelange periode, mens din hvalp ligger og drømmer sødt, fyldes blæren og tarmene langsomt men sikkert op. Så hver gang den store viser passerer tolv og du pligtopfyldende lukker hvalpen ud til sit toiletområde, er det højst sandsynligt, at din hvalp gør sig ren med det samme. Når du har kendskab til hvornår, din hvalp trænger til at lette sig, så giver det dig mulighed for at vælge stedet og vigtigst af alt, belønne hvalpen gavmildt for at anvende sit toiletområde. Hemmeligheden bag vellykket renlighedstræning er belønning. Hvis hvalpen på den anden side var efterladt i kravlegården, ville den sikkert også bruge sit toilet, men den ville ikke blive belønnet for det.

Hvad nu hvis min hvalp ikke kan lide at gå ind i sit bur?

Inden du lukker din hvalp ind i sit bur (hulen), bør du først lære den at elske buret og elske at være lukket inde. Dette er utroligt let. Fyld et par hule stykker legetøj med tørfoder og en lille godbid ind imellem. Placer dem i buret og luk døren, mens hvalpen er uden for buret. Normalt tager det kun nogle få sekunder, før hvalpen tigger dig om at åbne døren og lade den komme, og på ingen tid vil din hvalp være lykkeligt optaget med sit legetøj.

Når du efterlader din hvalp i det langsigtet areal, kan du binde det fyldt legetøj til indersiden og lade døren til hulen stå åben. Således kan hvalpen vælge, om den vil gå på opdagelse i det lille område, eller om den vil ligge på sin seng i buret og forsøge at få maden ud af legetøjet. Det fyldte legetøj sidder altså fast i buret, og hvalpen kan vælge om den vil komme eller gå. De fleste hvalpe vælger at slappe af inde i buret og underholde sig med legetøjet. Denne teknik virker bedst, hvis du ikke giver din hvalp mad i en skål, men kun i fyldt legetøj og fra hånden, som lokker og belønning i træningen.

Vær sikker på at din
hvalp elsker at være i
sin hule, inden den
begrænses til den.
Hvis hvalpen får al sin
mad fyldt i Kong
legetøj inde i hulen, så
plejer det ikke tage
lang tid før hvalpen
elsker sin hule.
Følgende teknik er
endnu hurtigere:

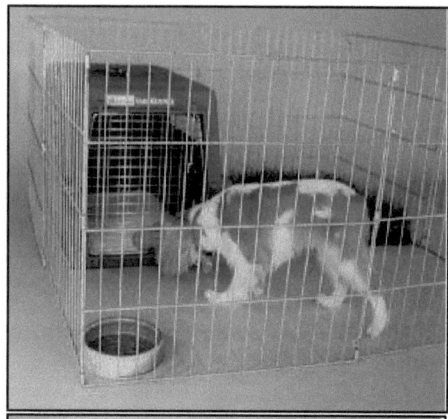

Læg en fyldt Kong inde
i hulen og luk døren..

....med hvalpen
udenfor!!
Lad hvalpen dvale ved
sit dilemma – fyldt
Kong indenfor eller
være låst ude... Åben
døren efter et stykke
tid...

*...og hvalpen smutter
villigt ind i hulen, så
den kan gnave i sin
Kong!*

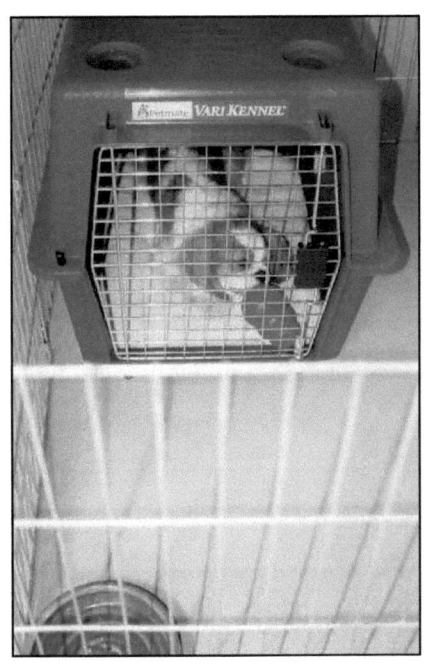

Hvad hvis jeg ikke bryder mig om at lukke min hvalp ind i et bur?
Kortsigtet begrænsning (uanset om det er i bur eller i snor), er en
midlertidig forholdsregel i træningen, som kan hjælpe dig til at
lære din hvalp, hvor den må gøre sig ren og hvad den må bide i.
Et hundebur er det bedste træningsværktøj til renlighedstræning,
fordi hjælper dig til at kunne forudsige, præcis hvornår din hvalp
trænger til at lette sig. Og det er det bedste værktøj når du skal
lære din hvalp at elske sit bidelegetøj. Når først din hvalp har
lært, hvor den må gøre sig ren og hvad den må tygge i, så kan

den færdes frit i hele hjemmet og haven resten af sit liv. Du vil sikkert opdage, at din hvalp efter få dage har lært at elske sit bur, og at den gerne vil ligge slappe af derinde. Din hvalps helt egen hule er et stille, behageligt og specielt hundested.

Hvis din hvalp i stedet får lov til at færdes frit i hjemmet uden opsyn, findes der en risiko for, at den vil blive begrænset senere i livet. Først til haven, så til kælderen, så til et bur på dyreinternatet og til sidst i en kiste. Urenlighed og destruktiv adfærd er uden tvivl de mest hyppige dødelige sygdomme hos hunde. Du kan forebygge problemer, hvis du anvender et hundebur.

Hvorfor ikke bare lade hvalpen være ude til den er renlig?
Hvem skal lære din hvalp at blive renlig udenfor - en busk? Hvis hunden bliver efterladt udenfor uden opsyn, vil den gøre sig ren over hele græsplænen. I bund og grund vil din hvalp lære at gøre sig ren, hvor som helst og når som helst, og den vil sikkert gøre det samme, når du lukker den ind i huset. Hvalpe, som bliver efterlades i haven i længere tid uden opsyn, bliver sjældent helt renlige. Der er også en større risiko for, at de bliver destruktive gravemaskiner og udbryderkonger. Udendørshvalpe bliver så ophidsede og begejstrede, når de en sjælden gang bliver inviteret indenfor i huset, at de til sidst slet ikke får lov at komme ind.

Hvorfor skal hvalpen ud HVER time: hvorfor ikke hver 55. Minut eller hver tredje time? Og er det virkelig nødvendigt at gøre det hver time?

Når hvalpen er tre uger gammel fyldes dens blære på ca. 45 minutter, 75 minutter når den er otte uger, 90 minutter når den er tolv uger og to timer når den er 18 uger. Lukker du din hvalp ud hver time, giver dette dig en mulighed for at belønne din hvalp for at bruge det tilladte toiletområde. Du behøver ikke gøre det præcis på timeslaget, men det er meget nemmere at have den huskeregel.

Hvorfor løbe hen til toiletområdet. Hvorfor ikke bare gå stille og roligt?

Hvis du giver dig god tid til at komme ud til toiletområdet, så når din hvalp måske at gøre sig ren på vejen derud. Hvis du løber derud, holder hvalpen sig, til I når toiletområdet og åbner først sluserne, når I kommer frem.

Hvorfor kan jeg ikke bare lukke hvalpen ud; kan den ikke tisse selv?

Selvfølgelig kan den det. Men hele meningen med at kunne forudsige, hvornår din hvalp trænger til at lette sig er, at du kan være der til at vise hvalpen hvor og til at rose og belønne den bagefter. Således lærer din hvalp hvor, du gerne vil have, den

81

lægger sine efterladenskaber. Hvis du ser din hvalp gøre sig ren, så ved du også at dens blære er tom, og så kan du tillade din udtømte hvalp at gå på opdagelse under opsyn i hjemmet et stykke tid, inden den skal tilbage til hulen.

Hvorfor instruere hvalpen til at gøre sig ren; Ved den ikke at den skal tisse?
Ved at instruere din hvalp til at gøre sig ren før og ved at belønne den for at have gjort sig ren bagefter, lærer du din hvalp at tisse på kommando. Det er rart, at din hund kan gøre sig ren på kommando, hvis I f. eks. er ude at rejse eller er i andre situationer, hvor der er kort tid til toiletbesøg. Bed din hund om at "skynde sig", " gøre sig færdig", "tisse" eller brug et andet socialt accepteret omskrevet tømningssignal.

Hvorfor give hvalpen tre minutter; er et minut ikke rigeligt?
Normalt vil en ung hvalp tisse ca. 30 sekunder efter den er lukket ud fra den kortsigtet begrænsning, men der kan godt gå et til to minutter før den har afføring. Det er bestemt umagen værd at vente tre minutter på hvalpen gør sig færdig.

Hvad hvis hvalpen ikke skal noget?
Der er størst chance for din hvalp gør sig ren, hvis du står stille og lader hvalpen cirkulere rundt om dig i snor. Hvis din hvalp ikke

gør sig ren i løbet af de tre minutter, så er det ikke noget problem! Du lukker bare hvalpen ind i hulen igen, og tager den ud en halv time senere. Processen gentages indtil den gør sig ren. På et eller andet tidspunkt sker det, og du vil være der til at belønne din dygtige hvalp. Derfor er der større chance for, at hvalpen vil gøre sig ren med det samme på de følgende tisseture.

Hvorfor rose hvalpen; er det ikke belønning nok at få lettet trykket?

Det er meget bedre at udtrykke dine følelser, når du roser din hvalp for at gøre noget rigtigt, fremfor at irettesætte den stakkels hvalp for at gøre det forkert. Derfor skal du ROSE DIN HVALP MEGET: "Dyygtiiig hund! Vær ikke genert når, du roser din hund. Flove hundeejere får ofte hunde med renlighedsproblemer. Giv din hvalp en ordentlig belønning. Fortæl din hvalp at den har gjort EN UTROLIG, VIDUNDERLIG OG STRÅLENDE TING!

Hvorfor give godbidder; er ros ikke nok?

Med et ord, nej. En gennemsnitlig person kan ikke rose et vissent salathoved effektivt nok. Og en del ejere (specielt mænd), har svært ved at rose deres hvalpe overbevisende. Derfor er det en god ide at belønne hvalpen med en godbid eller to (eller tre) for det, den har udført. Noget ind for det, der kommer ud! "Wow, min ejer er fantastisk; hver gang jeg tisser eller laver udenfor, giver hun mig en godbid. Jeg får aldrig lækre godbidder, når jeg tisser i sofaen. Jeg kan slet ikke vente til mine ejere kommer hjem, så jeg kan komme ud i haven og indløse gevinsten for mine efterladenskaber! ". Måske var det en ide at have nogle godbidder i en krukke, ved siden af toiletområdet.

Hvorfor frysetørret lever?
Renlighedstræning er et af de tidspunkter, hvor du vil udnytte alle midler. Tro mig: Når det gælder renlighedstræning, så brug Ferrarien af hundegodbidder - frysetørret lever.

Skal vi absolut give tre lever godbidder, når hvalpen har tisset og lavet; er det ikke en smule banalt?
Ja og nej. Selvfølgelig behøver du ikke give hvalpen præcis tre godbidder hver gang. Men det er ret sjovt: Hvis jeg foreslår for folk, at de giver deres hvalp en godbid hver gang, den gør sig ren på det rigtige sted, så følger de sjældent instruktionen. Hvis jeg derimod fortæller dem, at de skal give hvalpen tre godbidder, så finder de nøjagtig tre godbidder frem, som de giver til hvalpen. Det jeg vil sige er: Ros hvalpen meget og giv den en belønning HVER gang, den bruger det udpegede toilet.

Hvorfor lege med hvalpen indendørs?

Hvis du belønner din hvalp for at anvende sit hundetoilet, så ved du at blæren er tom. "Tak tømte vovse! " Hvad kunne være et bedre tidspunkt til at lege med eller træne din hvalp indendørs. Hvorfor få en hvalp, hvis du ikke vil tilbringe noget kvalitets- og legetid sammen med den.

Hvorfor bruge tid på at gå tur med en ældre hvalp, hvis den allerede har gjort sig ren?

Mange mennesker tager deres hvalp med på en gåtur, så den kan gøre sig ren og går derefter ind igen. Normalt skal der kun få gentagelser til, før hvalpen lærer at, "Turen slutter, lige så snart, min urin eller afføring rammer jorden". Derfor risikerer man, at hvalpen holder sig på turen. Når den så kommer hjem fra en lang gåtur, trænger den frygteligt til at få lettet trykket fra blæren. Hvilket den gør. Det er meget bedre at rose din hvalp for at bruge hundetoilettet og derefter bruge gåturen som en belønning.

Gør det til en vane at tage hunden ud til sit hundetoilet, (i haven eller ved kantstenen uden for lejlighedsbygningen), stå stille og vent til hvalpen har gjort sig færdig. Ros hvalpen og giv den 3 levergodbidder, når den er færdig: "Dygtig hund, så kan vi gå! " Saml hvalpens efterladenskaber op, smid det i skraldespanden, og gå en dejlig høm-hømfri tur med din hund. Efter bare nogle få repetitioner, vil din hund tømme sig på ingen tid, så den kan komme ud og opleve verden!

Hvad skal jeg gøre, hvis jeg har gjort alt det ovenover skrevet, og jeg alligevel tager hvalpen i at have vandladning eller afføring indenfor?

Tag en avis, rul den og giv dig selv nogle smæk! Selvfølgelig har du ikke fulgt instruktionerne ovenover. Hvem tillod hvalpen at have fri adgang til hele hjemmet? Dig! Hvis du nogensinde irettesætter eller straffer din hvalp for at gøre sig ren indendørs, så vil den som det eneste lære, at den skal gøre sig ren i skjul og *aldrig* mere i din *upålidelige* tilstedeværelse. Derfor vil du udvikle et urenlighedsproblem. Hvis du tager din hvalp i at lave et uheld, der er din fejl, så bed hvalpen indtrængende men blødt om at gå udenfor. Dit toneleje fortæller, at du vil have hvalpen til at gøre noget prompte, og ordene forklarer hvad. Din respons vil have begrænset effekt på det nuværende uheld, men det hjælper med til at forebygge fremtidige uheld.

Irettesæt aldrig din hund på en måde, som ikke er vejledende. Uspecificerede irettesættelser skaber bare flere problemer (dårlig opførsel når ejeren er fraværende), ligesom det er skræmmende for hvalpen og ødelæggende for forholdet mellem hund og ejer. Din hvalp er ikke en "slem hund". Din hvalp er det modsatte; en god hvalp som er blevet tvunget til at opføre sig dårligt, fordi dens ejer ikke kunne eller ville følge instruktioner.

Læs venligst det ovenstående igen, hvis der skulle opstå problemer.

En gang i timen tager du din hvalp til sit toiletområdet og vær gavmild med belønningerne, når den tømmer sig.

Hundetoilet

Du kan udruste hundebakken (som kan være et gammelt stykke linoleum) med det, der senere bliver hundens toiletunderlag. Læg for eksempel noget tørv i bunden, hos hvalpe som bor i forstaden eller på landet, og som senere skal gøre sig rene på jorden eller i græs. Hos byhunde, som senere skal gøre sig rene på fortov, kan du lægge nogle fliser ned i bakken. Din hvalp udvikler hurtigt en naturlig præference for at gøre sig ren på et lignende udendørs underlag, når den kommer ud.

Har du have, kan du tage hvalpen med ud til sit toiletområde i haven, hver gang du lukker den ud af sin hule. Bor du i en lejlighed uden have, kan du lære din hvalp at bruge sit indendørstoilet, indtil den er gammel nok til at driste sig udenfor (ca. tre måneder gammel).

Træn din hvalp til at bruge det udendørs toilet

Hav hvalpen i snor, når I går ud. Skynd jer hen til hvalpens toiletområde og stå stille, så den kan cirkle rundt om dig (som den normalt ville gøre, før den gør sig ren). Beløn din hvalp hver gang den "afleverer" noget på det rigtige sted. Hvis du har en indhegnet have, kan du senere tage hvalpen udenfor uden snor og se, hvor den vælger at gøre sig ren. Men husk at belønne den forskelligt, alt efter hvor tæt den kommer på toiletområdet. Giv den en godbid for at gøre det hurtigt udenfor, to for at gøre det, lad os sige 2 meter fra toiletområdet og fem godbidder for at ramme Bulls Eye.

Fejlfri bidetræning

Hunden er et socialt og nysgerrigt dyr. Den har brug for noget at lave, specielt når den er alene hjemme. Hvad kunne du forestille dig, at din hund skal foretage sig? Krydsord? Strikke? Se sæbeoperaer? Du bør forsyne din hvalp nogen form for beskæftigelses terapi, så den kan få tiden til at gå. Har din hvalp lært at underholde sig med sit bidelegetøj, så vil den se frem til at falde til ro og tilbringe lidt kvalitetstid med sit legetøj. Det er vigtigt, at du lærer din hvalp at nyde at sætte tænderne i sit eget legetøj fremfor andre ting i hjemmet. Det er let at lære hvalpen, hvis du fylder dens legetøj med tørfoder og godbidder. Du bør faktisk gemme hvalpens madskål væk de første par uger. I stedet for at servere mad i skålen, tager du en ration og anvender til træning og en ration, som du fylder i det hule bidelegetøj, for eksempel Konger, madbolde og steriliserede ben.

Hold fast i hvalpens begrænsningsprogram for at opnå den fejlfri bidetræning. Lad hvalpen opholde sig i kravlegården med sin seng, vandskål, toilet og masser af fyldt legetøj, når du forlader hjemmet. Lad din hvalp hygge sig i sin hule med masser af fyldt legetøj, når du er hjemme. Leg med din hvalp, når den lige har været ude og tisse, - leg lege som; find legetøjet, hent legetøjet, og ruskelege. Din hvalp vil hurtigt udvikle en stærk legetøjspræference, fordi du har begrænset dens bidevalg til acceptabelt legetøj. Legetøj, som er blevet gjort mere attraktivt med tørfoder og godbidder.

Når din hvalp er blevet en tyggeholiker og dermed ikke har bidt i forbudte sager, (og ej heller været urenlig) i tre måneder, så kan du øge hvalpens legerum til to værelser. For hver efterfølgende måned, hvor der ikke er sket fejltagelser, kan din hvalp få adgang til et rum mere. Snart har din hvalp fri adgang til hele hjemmet, når du ikke er hjemme. Skulle der opstå et problem, kan du gå et skridt tilbage i en måned.

Lad hvalpen tilbringe sin tid i kravlegården eller hulen, når I ikke leger/træner eller er "på toilettet". Sørg for at der findes masser med legetøj, som er fyldt op med mad og lidt godbidder.

Når du gør din hvalp til en tyggeholiker, så minimere du også risikoen for, at hvalpen udvikler sig til en gøende pestilens, fordi det ganske enkelt ikke er muligt at gø og tygge på samme tid. Tyggeholisme hjælper ligeledes din hvalp med at falde til ro, fordi det er umuligt at tygge og løbe rastløst rundt på samme tid.

Tyggeholisme er specielt nyttigt for hunde med tvangshandlende adfærd, da det giver dem en acceptabel og behagelig måde at udarbejde deres tvangshandlinger. Din hund har stadig tvangshandlinger, men nu bruger den dem på at bide i sit legetøj. Og vigtigst af alt: Denne bidetræning forebygger udvikling af alene hjemme problemer.

Hvad er et bidelegetøj?

Bidelegetøj er noget, som hunden kan bide i uden det går i stykker eller kan fortæres. Hvis din hund ødelægger et objekt, er du nødt til at anskaffe et nyt og det koster mange penge. Hvis din hund fortærer legetøjet, så risikerer du at skulle anskaffe en ny hund. Det kan være meget farligt for din hunds helbred, hvis den æder uspiselige objekter.

Typen af legetøj, du vælger til din hund, afhænger af lysten til at tygge/bide og dens individuelle præferencer. Jeg har set hunde, som har haft en oksehov i evigheder, mens andre hunde slugte den med det samme. Personligt synes jeg at Kongs produkter er Cadillac 'en inden for legetøj. Udhulede oksemarvben har jeg som mit andet valg. Jeg kan godt lide Kongs produkter og udhulede marvben, fordi de er simple, naturlige og organiske (ikke plastik). Og når de er hule, så kan de fyldes med mad. Konger og steriliserede ben kan fås hos de fleste dyrehandlere.

Middagsmad i Konger - Ikke i madskåle

Normal får hvalpe hele deres dagsration af tørfoder serveret morgen og aften. Serveringen bliver ofte til en forstærkning af gøen og hoppen frem og tilbage. Hvis du serverer al maden i en skål, fjerner du hvalpens mulighed for at aktivere sig selv i løbet af dagen. I naturen bruger hundene godt 90 procent af den tid de er vågne på at søge efter mad, så regelmæssig fodring i en skål vil berøve hunden dens vigtigste aktivitet - søgen efter føde. Din nysgerrige hvalp vil i stedet bruge hele dagen på at lede efter andre aktiviteter, og det er ikke sikkert, at det, den finder på, er så hensigtsmæssigt!

Regelmæssig fodring af hvalpe (og voksne hunde) er nok uden tvivl den største skæbnesvangre fejl i hundehold og træning. Selvom det ikke er nogens hensigt, så kan resultatet af fodring i madskål være skadelig for hvalpens opførsel og velvære. Hver enkelt skål mad stjæler hvalpens *raison d' etre*, - meningen med livet. Maden bliver slugt på ingen tid, og bagefter vil den stakkels hvalp opleve et mentalt tomrum resten af dagen. Den har intet at tage sig til. Efterhånden som hvalpen vænner sig til at udfylde tomrummet, vil normal adfærd som, gnaven, gøen, vaske sig, bide og lege blive stereotypisk.

*Pibedyr er utroligt
effektive som lokkere og
belønning i træningen.
Men pibedyr er ikke egnet
til at bide i.
Pibedyr er lette at bide i
stykker og spise.
Lader man sin hvalp lege
med sådant legetøj uden
opsyn, så risikerer man at
få en hvalp, som udvikler
destruktiv adfærd*

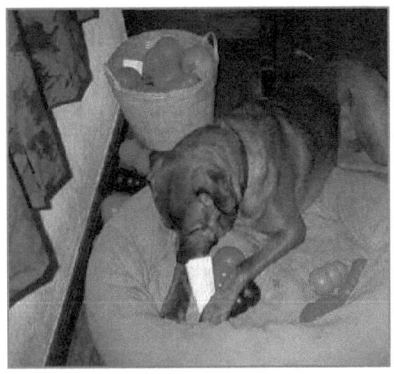

*Bidelegetøj bør ikke kunne tygges
i stykker. De bør være lavet af
naturlige produkter, såsom ben
eller gummi og de bør være hule,
så man kan fylde dem med mad
og godbidder.
Underholdningstiden forlænges
markant, hvis man fylder
legetøjet med mad og et par
godbidder.
Der findes flere varianter på
markedet.*

*Når din hund har lært at kende
forskel på tygge legetøj og andre
ting, så kan den få lov til at
hente eller lege med andre ting.
Ivan her, havde en skofetich;
han elskede at hente sko, at bære
sko, at finde sko og at sove med
sko.
Men han bed dem aldrig i
stykker, og han kunne altid finde
sko, som var forsvundet!*

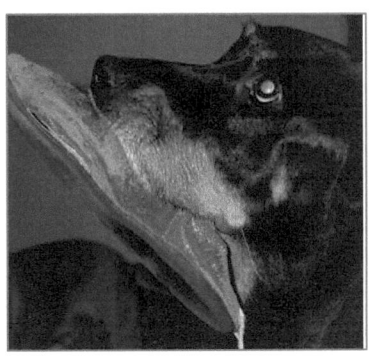

Alarmeringsgøen bliver til ustandselig gøen. Vandring fra det ene sted til det andet bliver til gentagen traven eller løben frem og tilbage. Undersøgelse af en skygge eller et lys bliver til en neurotisk fiksering. Almindelig pleje af pelsen bliver til overdreven slikkeri, kløen, halejagt eller i ekstreme tilfælde selvlemlæstelse. Stereotype adfærdsmønstre udløser endorfiner og foreviger gentagelserne af adfærdsmønstrene. Man kan sige, at hunden bliver bedøvet og afhængig af tankeløse, gentagende aktiviteter. Stereotyp adfærd er ligesom kræft, da hyppigheden af adfærden øges. Helt normal adfærd bliver pludselig til store problemer. Hunden bruger til sidst al sin tid på at gø, at jage sin hale eller på at trave rundt og rundt og rundt.

En væsentlig del, i din hvalps tidlige uddannelse, er at lære den, hvordan den kan tilbringe sin dag uden kedsomhed og uden destruktiv adfærd. Fodrer du din hvalp i hult legetøj - Konger, madbolde og steriliserede ben, vil den være beskæftiget i lang tid. Dermed fokuserer på en hyggelig aktivitet, i stedet for at kede sig. Hvert enkelt stykke tørfoder der falder ud, belønner din hvalp for at være rolig, for at tygge i tilladte objekter og for ikke at gø.

Hvad skal legetøjet fyldes med?

Et stykke gammelt legetøj bliver straks nyt og spændende, når det bliver fyldt med mad. Hvis du bruger tørfoder fra din hvalps normale dagsration, så tager den ikke på i vægt. For at beskytte

94

din hvalps taljemål, hjerte og lever, bør du minimere brugen af godbidder i træningen. Anvend tørfoder som lokker og belønning, når du træner det basale "sit" og "dæk", og gem de frysetørret levergodbidder til den indledende renlighedstræning, til mødet med børn, mænd og fremmede og som en lejlighedsvis jackpot for speciel god adfærd.

Kong fyldning 101

De grundlæggende principper for at fylde en Kong sikrer, at (1) en smule mad nemt og hurtigt kommer ud og belønner hvalpens interesse for legetøjet; (2) små stykker mad falder ud over en længere periode og belønner hvalpen for at fortsætte med legetøjet og (3) nogle af de bedste godbidder aldrig triller ud, så din hvalp ikke mister interessen. Tryk et lille stykke frysetørret lever ind i det lille hul i Kongen; dette er umuligt for din hvalp at få ud. Smør lidt honning rundt på indersiden af Kongen og fyld den med tørfoder og bloker til sidst det store hul med krydsede hundekiks.

Der findes massevis af kreative variationer af Kong fyldning. En af mine favoritopskrifter er; blødgjort tørfoder trykket ind i Kongen, som så lægges i fryseren natten over - en Kongis! Din hund vil elske det.

Kong er kongen!

Hvis du som udgangspunkt altid begrænser din hvalps færden, og forsyner den med et udvalg af fyldte Konger og madbolde (Biscuit Ball), så vil disse hurtigt blive en integreret del af hvalpens hverdag. Din hvalp vil hurtigt udvikle en socialt acceptabelt Kongvane. Og husk, gode vaner er lige så svære at bryde som dårlige vaner. Din hvalp vil nu tilbringe en stor del af sin tid på at hygge sig med sine Kong produkter.

Lad os tage en pause et øjeblik og overveje alle de ting, som din hvalp ikke vil gøre, hvis den er optaget af sit legetøj. Den vil ikke tygge i upassende objekter i hjemmet eller i haven. Den vil ikke gø uafbrudt. Den vil ikke springe forvirret rundt i hjemmet eller blive stresset, når den bliver ladt alene.

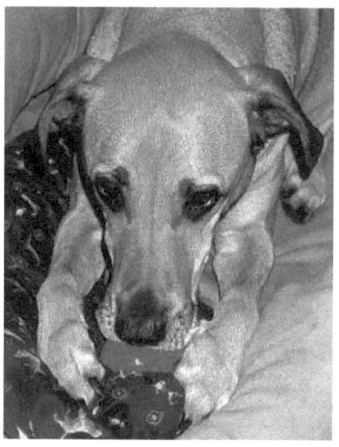

Det bedste ved at lære hvalpen at nyde at tygge i sit legetøj er, at denne aktivitet ekskluderer mange andre, ekstremt irriterende aktiviteter. En fyldt Kong er en af de bedste metoder til at lindre stress, specielt for hunde som er angste og/eller lider af tvangshandlinger. (En Kong hjælper også ejeren til at stresse af).

Der findes ikke andre måder, der lige så let forebygger eller løser dårlige vaner og adfærdsproblemer.

At falde til ro

At kunne falde til ro er et andet vigtigt punkt på dagsordnen. Din hvalp skal lære, at der er tidspunkter til leg og der er tidspunkter, hvor man skal være stille. Du skal lære din hvalp at falde til ro og være stille i kortere perioder. Dit liv vil blive mere fredfyldt, og din hvalps liv vil blive mindre stressfyldt, når den har lært, at det er skønt med små hyppige stillestunder i sit nye hjem.

Vær forsigtig med overvælde hvalpen med uafbrudt opmærksomhed de første par dage, da den så vil pibe, gø og klynke, når den pludseligt bliver ladt alene om natten eller i løbet af dagen, når du er på

Chihuahua hvalpe er vel knapt kandidater til OL i gnavning, men gø kan de i hvert fald! En Kong fyldt med tørfoder kan hjælpe dem med at falde til ro.

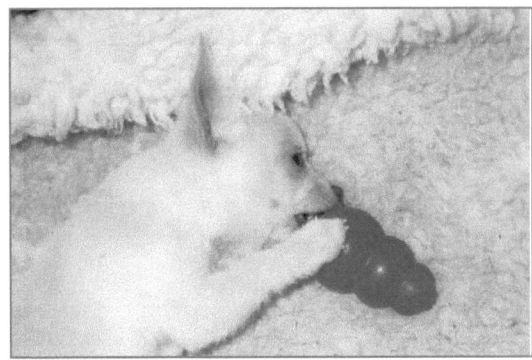

arbejde og børnene er i skole. Selvfølgelig er hvalpen ensom! Dette er første gang, den er alene uden sine kuldsøskende, sin mor og menneskeligt partnerskab.

Du kan gøre meget for at mindske din hvalps separationsangst ved at vænne den til at falde til ro alene i løbet af de første par dage. Husk, de første indtryk er meget vigtige og de er langvarige. Husk også, at den gennemsnitlige forstadshvalp som regel er alene hjemme flere timer hver dag. Det kan derfor godt betale sig at lære hvalpen, hvordan den kan få tiden til at gå. Ellers kan hvalpen blive angst for at blive efterladt alene hjemme. Den kan udvikle dårlige vaner, som er svære at bryde, som for eksempel, konstant gøen, bide ting i stykker og løbe væk.

Jeg vil absolut ikke gøre mig til talsmand for, at man skal efterlade sin hvalp alene i længere perioder. Men det er et faktum, at den moderne livsstil, som de fleste hundeejere fører, involverer at hunden efterlades alene hjemme hver dag, mens ejerne er på arbejde. Så det er bare rimeligt overfor hvalpen, at den forberedes på at være alene.

Du kan binde Kongen fast ved din hvalps seng, for på den måde vænne den til at blive på sin plads. Det er let at se fjernsyn samtidig med at du holder øje med hvalpen.
Husk, at hvalpen stadig behøver at gå "på toilettet" en gang i timen.

Når du er hjemme, anvender du kortsigtet begrænsning. Det er ikke tanken, at hvalpen låses inde i flere timer. Du vil lære den at falde hurtigt til ro forskellige steder og være begrænset i forskellige perioder, men kun i kort tid ad gangen. Vær sikker på at det eneste der er inden for hvalpens rækkevidde, er legetøj fyldt med tørfoder og den tilfældige godbid. Således udvikler hvalpen en stærk legetøjsvane. Og lad mig gentage: En hvalp, som er fornøjeligt beskæftiget med en fyldt Kong, ødelægger ikke møbler og andre forbudte ting i hjemmet og den gøer ikke.

Det er en god ide at begrænse din hvalps færden til kravlegården en gang imellem, når du er hjemme, for på den måde at træne den til at kunne være alene. Du får mulighed for at se, hvordan hvalpen reagerer på at være alene, hvis du engang imellem anvender langsigtet begrænsning af hvalpens færden, når du er hjemme.

Hvad man gør om natten

Du vælger hvor din hvalp skal sove om natten. Hvis du ønsker, at din hvalp skal sove i kravlegården eller i hundeburet i køkkenet, så det fint nok. Eller hvis du vil at hvalpen skal sove ved siden af din seng, er dette også godt nok. Hvad der er vigtigt er, at hvalpen er begrænset til et lille areal, og at den falder hurtigt til ro. Giv hvalpen et fyldt stykke legetøj, så falder den nok i søvn på ingen tid, mens den gnaver i det.

Træn hvalpen til at falde til ro og sove i sin seng ved siden af din seng (eller hvor du nu ønsker den skal sove om natten).
Det er altså lettere at lære din hvalp at falde til ro om dagen, inden du selv behøver at gå til ro!

Når din hvalp er blevet renlig, har fået gode tyggevaner og den har lært at falde til ro, kan du lade din hvalp vælge, hvor den vil sove - indendørs, udendørs, ovenpå, nedenunder, i dit soveværelse eller i din seng, så længe valget er okay med dig.

Det er en god ide at øve natningsrutinen i løbet af dagen, når du er vågen og i godt humør i stedet for om aftenen, hvor du er træt og din hjerne er kopplet fra. I løbet af dagen kan du træne din hvalp til at falde til ro i sin seng og/eller bur. Træn dette både, når I er i samme rum og, hvor hvalpen er alene, så den vænner sig til at sove alene.

Begynder din hvalp at hyle om natten, så kig til den hver tiende minut. Tal mildt til den mens du stryger den roligt over pelsen i et minuts tid, og gå så tilbage i seng. Men du må endelig ikke overdrive det. Formålet er, at gøre hvalpen tryg, ikke at træne den til at pibe for natlig kontakt. Du bør heller ikke gå direkte i seng, for du kommer sikkert til at kigge til den efter ti minutter. Når hvalpen endelig er faldet i søvn, kan jeg selv godt lide at gå tilbage, kigge til den og ae den et par minutter. Mange mennesker gør ikke dette, fordi de er bange for at vække det lille gemyt, men det har altid virket fint for mig.

Anvender du ovenstående råd, vil du opdage, at det tager mindre end syv nætter, før din hvalp har lært at lægge sig til at sove uden protester.

Sit osv.

Jeg går ud fra, at der ville være flere end få skuffede hundeejere, hvis jeg ikke i det mindste sagde lidt omkring at træne hvalpen til at sidde. Godt. Det er bare så nemt. Spørg din hvalp: "Kunne du tænke dig at lære at sidde på kommando? " og før et stykke tørfoder op og ned foran snuden. Hvis din hvalp nikker og altså har lyst, så er I begge klar til at gå i gang.

Sig; "hvalp, sit" og vis den en godbid. Før godbidden et lille stykke over hvalpens snude. Når den kigger op efter godbidden, vil rumpen falde til joden. Ros hvalpen og giv den sin belønning.

Sig; "Hvalp, dæk" og før en ny godbid ned mod jorden og hold hånden med godbidden mellem hundens poter. Hunden vil følge efter godbidden og dermed lægge sig ned. Ros og beløn hunden.

Sig "Hvalp (navn), sit", og før tørfoderet opad og tilbage over hvalpens snude. Når hvalpen kigger op for at følge tørfoderet, vil den sætte sig ned. Ret simpelt, ikke? Så siger du: "Hvalp, dæk" og med et nyt stykke tørfoder mellem pege- og tommelfinger, sænker du din hånd, (håndfladen nedad), indtil den er mellem hvalpens forpoter. Din hvalp vil sænke sin næse for at undersøge tørfoderet, og overkroppen sænker sig sammen snuden for at få fat i tørfoderet. Bevæg tørfoderet mod hvalpens bryst, så bagdelen falder til jorden.

Nu siger du; "Hvalp, stå", og bevæger tørfoderet fremad og væk fra hvalpen. (Det kan nogen gange være nødvendigt at ryste hånden lidt). Hold godbidden i næsehøjde men sænk den en smule, lige så snart din hvalp rejser sig og begynder at snuse til den, ellers vil din hvalp straks sætte sig igen.

Sig; "Hvalp, stå" og før en godbid væk fra snuden. Ros hvalpen lige så snart, den rejser sig op på alle fire poter og giv den belønningen.

Prøv nu at kæde et par signaler sammen. Gå et par skridt baglæns og sig: "Hvalp, kom" og vink med et stykke tørfoder. Ros din hvalp entusiastisk, når den kommer imod dig, og bed den så om at sidde og dække, før du giver den godbidden. Tre responser for et stykke tørfoder - ikke dårlig, hva'? Nu kan du få din hvalp til at komme, sidde og dække, hver gang du har et ledigt øjeblik i løbet af dagen, eller så mange gange som der er stykker tørfoder til.

Gentag disse øvelser med forskellige stillingsskift, f. eks. sit, dæk, stå, dæk, stå. Se hvor mange stillingsskift, din hvalp er villig til at udføre, for et stykke tørfoder, og se hvor lang tid du kan holde din hvalp i hver position (korte sekvenser), før du giver den godbidden. Sjovt nok, så forholder det sig sådan, at jo færre godbidder du giver, og jo længere du beholder dem i hånden, jo bedre er din hvalp til at lære.

Velkommen til en verden med lokke- og belønningstræning.

Dårlig opførsel

Dårlig opførsel er desværre en meget udbredt og dødelig sygdom blandt hunde. Mange hvalpe får skrevet deres dødsattest allerede i løbet af de første uger i deres nye hjem. Mindre urenlighedsproblemer og destruktiv adfærd fører til, at hvalpen bandlyses til kælderen eller baghaven, hvor den så udvikler større socialiseringsproblemer. Den lærer at gø, grave og stikke af. Når hunden bliver samlet op på gaden som en strejfer eller en udbryderkonge, bliver den overgivet til et internat. Den har nu udviklet så mange adfærdsproblemer, at den er svær at bortadoptere. Desværre kunne alle disse helt forudsigelige problemer nemt være blevet forebygget med normal sund fornuft, ejeruddannelse og hvalpeuddannelse.

Kapitel 5

Hvalpe prioriteter

N år du har fuldført din hundeuddannelse og valgt den bedst mulige hvalp, vil du opdage, at der er så meget at gøre og så lidt tid til at gøre det. Her er derfor en liste med dine prioriteter. Listen beskriver med tal graden af hvalpe prioriteternes nødvendighed og vigtighed.

Takt og tone i hjemmet

Fra den dag din hund kommer hjem

De mest presserende punkter på din hvalp uddannelsesagenda er; renlighedstræning, bidetræning og alternativ, og at lære hvalpen alternativer til at gø. Anvend, allerede fra første dag, det fejlfri træningsprogram, som består af skemalagt begrænsning af hvalpens færden, plus den rundhåndede brug af bidelegetøj, (Kong, madbolde og steriliserede marvben) fyldt med tørfoder. Simple adfærdsproblemer er så lette at forebygge, og alligevel er de ofte grund til, at folk skiller sig af med deres hund. Træning af god opførsel i hjemmet er *prioritet nummer et.* Start den første dag, din hvalp kommer hjem til dig.

#1 Vurdering af nødvendigheden

Takt og tone i hjemmet er det vigtigste emne på din hvalps uddannelsesprogram. Hvis du vil undgå irriterende adfærdsproblemer, bør træningen begynde samme dag, som din hvalp ankommer.

#2 Vurdering af vigtigheden

Det er meget vigtigt at lære takt og tone i hjemmet. Hvalpe bliver hurtigt uvelkomne, hvis deres ejer tillader dem at udvikle urenlighed, gnaveri, konstant gøen, graven, og stikke-af problemer.

Alene hjemme

I løbet af de første få dage og uger efter din hvalps ankomst
Hverdagslivet for nutidens tamhund, gør det desværre nødvendigt for din hvalp at lære at være alene,- og den skal helst synes om det. Ikke bare som en forsikring for at hvalpen bibeholder sin takt og tone i hjemmet, men lige så meget for at undgå, at hunden udvikler angst for at være alene. Normalt går disse hånd i hånd, for når hunde bliver angste, så har de en tendens til at gø, grave, gnave i ting og urinere mere hyppigt. Du bør som udgangspunkt lære din hvalp at underholde sig i løbet af de første dage i dit hjem. Ellers er der stor risiko for, at hvalpen vil blive stresset, når den bliver ladt alene.

#2 Vurdering af nødvendighed

Din prioritet nummer to, i uddannelsesprogrammet, er at lære din hvalp at underholde sig selv. Det er ikke retfærdigt over for hvalpen, hvis du giver den overdrevent meget opmærksomhed og kærtegn de første par dage eller uger, for så pludseligt at efterlade den til sig selv. Brug de første dage, hvor du er hjemme og kan holde øje med hvalpens adfærd, til at vænne den til at være alene og underholde sig selv i kravlegården eller i hulen. Sørg for at der findes noget, som hvalpen kan beskæftige sig med, (legetøj fyldt med mad), mens du er fraværende.

#3 Vurdering af vigtigheden

Det er utroligt vigtigt at forberede din hvalp til at være alene. Både for at du kan få ro i sjælen. Du forebygger urenlighed, gnaveri og konstant gøen. Men også for at din hvalp kan få ro i sjælen. Det er bestemt ikke sjovt for en hvalp at være alt for afhængig, stresset eller angst.

Socialisering med mennesker

Specielt mellem otte og tolv uger gammel men bagefter for evigt

Flere hvalpetræningsteknikker fokuserer på at lære hvalpen at nyde menneskers selskab. Velsocialiseret hunde er selvsikre og venlige. De er ikke angste og aggressive. Vis dine gæster, familiemedlemmer og fremmede, hvordan de får hvalpen til at komme, at sidde, at dække, at rulle rundt og elske at blive håndteret for stykker af tørfoder. Det kan være frustrerende at bo med en dårligt socialiseret hund, og det er også potentielt farligt. For hunde, som er utilstrækkeligt socialiserede, kan livet blive uudholdeligt og fyldt med stress.

#3 Vurdering af nødvendigheden

Mange tror, at hvalpekurser er til for at socialisere hvalpene med mennesker. Dette er ikke helt sandt. Hvalpekurser forsyner skam socialiseret hvalpe med et belejligt mødested, hvor de kan fortsætte socialiseringen med mennesker. Alligevel bør hvalpene være socialiseret med mennesker allerede før, de starter til hvalpetræning, som oftest er ved 12-ugersalderen. I løbet af den første måned efter hvalpens ankomst, bør den møde mindst hundrede forskellige mennesker.

#2 Vurdering af vigtigheden

Det er livsvigtigt, at du socialiserer din hvalp, så den elsker menneskers selskab. Den anden vigtige ting, du bør lære din hvalp er, at hæmme kræften i sit bid og lade den udvikle en blød mund. Socialiseringen bør aldrig stoppe. Husk, at din voksne hund vil mindre og mindre social, hvis den ikke møder ukendte mennesker hver dag. Gå en tur med din hund eller udvid dit sociale liv derhjemme!

Hund - Hund Socialisering

Mellem 12 uger og 18 uger for at etablere pålidelig bidehæmning. Resten af hundens liv for at bibeholde venlighed over for andre hunde

Så snart, din hvalp er tre måneder gammel, er det blevet tid til at indhente hund-hund socialiseringen. Det er blevet tid til hvalpetræning, lange gåture og besøg i hundeparken. Velsocialiseret hunde vil hellere lege end bide og slås. Og velsocialiseret hunde bider normalt mere blidt, hvis de nogensinde skulle bide eller komme i slåskamp.

#4 Vurdering af nødvendigheden

Hvis du gerne vil have en voksen hund, som nyder andre hundes selskab, så er hvalpetræning og gåture essentielle, specielt fordi at mange hvalpe bliver holdt hjemme, indtil vaccinationerne er overstået.

#6 Vurdering af vigtigheden

Det er svært at vurdere vigtigheden af hund-hund socialisering. Det afhænger af ejerens livsstil, om hvorvidt det er nødvendigt med en hundevenlig hund. Hvis du gerne vil hygge dig med gåture med din voksne hund, så er tidlig socialisering, som hvalpetræning og ture til hundeparken vigtig. Overraskende nok, er der ikke mange mennesker, som går ture med deres hunde. Hvorimod store hunde samt byhunde ofte kommer ud og gå, så er det mere sjældent at små hunde og forstadshunde kommer ud på en gåtur.

Uanset om du sætter pris på en hundevenlig hund eller ej, så er leg mellem hunde essentielt i hvalpetiden. Dette for at hvalpene kan udvikle bidehæmninger og en bløde mund. Derfor er ture til hundeparken og hvalpetræning prioritet nummer et, når hvalpen er tre måneder gammel.

Sit og Rolig

Begynd når som helst du ønsker, at din hvalp skal høre efter dig. Hvis du kun vil lære din hvalp nogle få kommandoer, så burde disse være "sit" og "rolig". Tænk bare på alle de unoder, som din hvalp ikke kan gøre, samtidig med den sidder.

#5 Vurdering af nødvendigheden

Modsat socialisering og bidehæmning, som skal ske i hvalpetiden, så kan indlæring af sit og rolig finde sted i alle aldre. Nødvendigheden er altså ikke stor. På den anden side er det så let at træne små hvalpe. Og det er sjovt! Hvorfor ikke bare starte med at træne de grundlæggende øvelser, når du får din hvalp hjem, eller så tidligt som ved fire - fem ugers alderen, hvis du er opdrætter. Hvis din hvalps krumspring eller aktivitetsniveau begynder at irritere dig, så er det nødvendigt at indlære et par kommandoer! "Sit" og/eller "Rolig" vil løse de fleste problemer.

#5 Vurdering af vigtigheden

Det er svært at vurdere vigtigheden af fundamental opførsel. Personligt kan jeg godt lide hunde, som kan få lov til at være hunde uden at være til gene for andre mennesker. På den anden side lever mange mennesker lykkeligt uden at træne hunden. Hvis du mener, at din hund er perfekt for dig, så er det dit valg. Men hvis du eller andre mennesker finder din hunds adfærd irriterende, hvorfor så ikke lærer den at opføre sig ordentligt. I virkeligheden kan et simpelt "sit" forhindre størstedelen af irriterende adfærdsproblemer, såsom at hoppe op af folk, mase sig ud af døren, stikke af, genere mennesker, jage sin hale, jagte katten, osv., osv. Listen er lang! Det er så utroligt meget nemmere at lære din hvalp at opføre sig ordentligt fra begyndelsen. Altså, at lære hvalpen at udføre den eneste rigtige adfærd, i stedet for at forsøge at rette på alle de ting, den gør forkert. Uanset hvad, så er det uretfærdigt at skælde hvalpen ud for at være uopdragen, hvis den bare bryder de regler, som den ikke ved eksisterer.

Bidehæmning

Ved 18 ugers alderen

En blød mund er den allervigtigste kvalitet hos enhver hund. Forhåbentligt vil din hund aldrig bide eller slås, men hvis det skulle ske, så sikrer en veletableret bidehæmning, at din hund forvolder meget lidt eller slet ingen skade.

Socialisering er en igangværende proces, som opbygger erfaringer og selvsikkerhed, så din hvalp nemt kan håndtere de udfordringer og ændringer, der skulle ske i hverdagen senere i livet. På den anden side er det umuligt at forberede din hvalp på alt. Og i disse sjældne situationer, hvor voksne hunde kommer til skade, bliver angste eller ophidsede, så skriver de sjældent klagebreve. I stedet vil normale hunde knurre og bide, hvorefter niveauet af bidehæmningstræningen fra hvalpetiden, forudsiger alvoren af skaden.

Voksne hunde med dårlige bidehæmninger napper og bider sjældent, men når de gør, så skader bidet næsten altid huden. Voksne hunde med veletableret bidehæmninger napper tit, når de leger. Skulle de bide, så ødelægger biddet næsten aldrig huden, fordi de i hvalpetiden lærte at bide uden at påføre skade.

Bidehæmning er en af de mest misforståede aspekter i adfærdsudviklingen hos hunde (og andre dyr). Mange ejere laver den katastrofale fejl at stoppe deres hvalp helt, når den napper. Hvis en hvalp ikke får lov at bide i leg, så kan den ikke udvikle en pålidelig bidehæmning. Små hvalpe er nogle rigtige bidemaskiner med syleskarpe tænder. Dem har de, så kan lære at bid gør ondt. Dette skal de lære, før de udvikler stærke kæbemuskler, som kan forårsage stor skade. Men de kan ikke lære at hæmme kraften i deres bid, hvis de aldrig får lov til at bide i leg og slås for sjov. Træningen af bidehæmning består i, at man først lærer hvalpen at hæmme kraften i sit bid, indtil de smertefulde hvalpebid er omdannet til bløde hvalpenap. Derefter kan man lær hvalpen at mindske napperiet mere og mere. Således lærer hvalpen, at det er upassende at bide, og at det er helt uacceptabelt at bide hul i huden.

#6 Vurdering af nødvendigheden

Du har indtil hvalpen er fire en halv måned gammel. Udnyt tiden og sørg for, at din hvalp får topkarakter i dette utroligt vigtige emne i sit uddannelsesforløb. Jo flere gange din hvalp bider, jo mere sikre vil dens kæber være, når den bliver voksen, fordi den har haft flere muligheder for at lære, at dens tænder gør ondt. Hvis du er nervøs for din hvalps bideadfærd, så meld den med det samme til et hvalpekursus. Du kan søge mere hjælp hos træneren, og din hvalp kan få dampet af og rettet sine bid mod de andre hvalpe på holdet i legepauserne.

#1 Vurdering af vigtigheden

Bidehæmning er af afgørende vigtighed. Den allervigtigste kvalitet hos enhver hund, og ethvert andet dyr er, at kunne hæmme sit bid. At bo med en hund, som ikke har en pålidelig bidehæmning, er både ubehageligt og farligt. Bidehæmning *skal* opnås i hvalpetiden. Du behøver at have fuldstændig forståelse for, hvordan du skal lære din hvalp at hæmme sit bid. Det er ofte både svært, tidskrævende og farligt at lære en voksen hund bidehæmning. Kontakt en adfærd specialist eller hundetræner, hvis du behøver hjælp med din voksne hund.

Du bør læse "Efter du har fået din hvalp", for at lære om din hvalps næste tre deadlines for udvikling.

Kontakt Dansk Kennel Klub for at få oplyst nærmeste træner eller adfærdskonsulent.

De vigtigste ting, din hvalp skal lære

1. Bidehæmning
2. Socialisering med mennesker
3. Hjemmets takt og tone
4. Alene hjemme
5. At sidde på kommando og falde til ro

De mest nødvendige ting, din hvalp skal lære

1. Takt og tone i hjemmet
2. Alene hjemme
3. Socialisering med mennesker
4. Hund-Hund socialisering
5. "Sit" og "Rolig"
6. Bidehæmning

115

Bøger og videoer

Der findes et enormt udvalg af hundebøger og videoer på markedet, så det kan svært at vide, hvad man skal læse. Som følge deraf, har en gruppe af hundeforeninger for hundetrænere stemt på, hvad de mente, var de mest udbytterige og brugbare bøger for fremtidige hundeejere. Nedenfor ser du listerne med resultaterne fra Dog Friendly Dog Trainers Group. Parenteserne, som er inkluderet, viser resultatet af afstemningen fra Association of Pet Dog Trainers, den største forening for professionelle hundetræner verden over, og fra Canadian Association of Pet Dog Trainers.

De fleste af disse bøger og videoer er praktiske hvalpeopdragelses guider, som primært indeholder brugbare tips og teknikker. Ydermere har jeg inkluderet min egen liste: En liste for dem af jer, som virkelig vil have det sjovt med jeres hunde, og en liste for dem af jer, som er interesserede i at få bedre forståelse af hundens adfærd.

TOP FEM BEDSTE VIDEOER

#1 Sirius Puppy Training - Ian Dunbar

James and Kenneth Publishers, 1987. (CAPPDT #1, APDT #1)

#2 Training Dogs with Dunbar - Ian Dunbar

James and Kenneth Publisher, 1996 (CAPPDT #2, APDT #4)

#3 Training the Companion Dog (4 videoer) - Ian Dunbar

James and Kenneth Publishers, 1992 (APDT #2, Vinder af Dog Writers
Associations Maxwell Award, for bedste trænings video)

#4 Dog Training for Children - Ian Dunbar

James and Kenneth Publishers, 1996

#5 Puppy Love: Raise your Dog the Clicker Way - Karen

Pryor & Carolyn Clark
Sunshine Books, 1999

TOP TI BEDSTE BØGER

#1 How to Teach a New Dog Old Tricks – Ian Dunbar
James and Kenneth Publishers, 1991. (APDT # 1, CAPPDT # 4)

#2 The Culture Clash – Jean Donaldson
James and Kenneth Publishers, 1996. (APDT # 2, CAPPDT #1, vinder af DWAA *Maxwell Award* for bedste hundetrænings bog).

#3 Dr. Dunbar's Good Little Dog Book – Ian Dunbar
James and Kenneth Publishers, 1992. (APDT #5, CAPPDT #4)

#4 Train Your Dog the Lazy Way – Andrea Arden
Alpha Books,1999.

#5 Labrador Retrievers for Dummies – Joel Walton & Eve Adamson.
IDG Books Worldwide, 1999.

#6 The Perfect Puppy – Gwen Bailey
Hamlyn, 1995. (APDT # 8)

#7 Dog Friendly Training – Andrea Arden
IDG Books Worldwide, 2000.

#8 Behaviour Booklets (9 hæfter) – Ian Dunbar
James and Kenneth Publishers, 1985. (APDT # 9)

#9 Puppy Primer – Brenda Schidmore & Patricia McMonnell
Dog's Best Friend, 1996.

#10 "Pawsitive" Dog Training – Allan Bauman
Goldenbrook Kennels, 1995.